ISBN 978-1-332-03380-5
PIBN 10272965

1 MONTH OF
FREE
READING

at
www.ForgottenBooks.com

By purchasing this book you are eligible for one month membership to ForgottenBooks.com, giving you unlimited access to our entire collection of over 700,000 titles via our web site and mobile apps.

To claim your free month visit: www.forgottenbooks.com/free272965

English
Français
Deutsche
Italiano
Español
Português

www.forgottenbooks.com

Mythology Photography **Fiction**
Fishing Christianity **Art** Cooking
Essays Buddhism Freemasonry
Medicine **Biology** Music **Ancient**
Egypt Evolution Carpentry Physics
Dance Geology **Mathematics** Fitness
Shakespeare **Folklore** Yoga Marketing
Confidence Immortality Biographies
Poetry **Psychology** Witchcraft
Electronics Chemistry History **Law**
Accounting **Philosophy** Anthropology
Alchemy Drama Quantum Mechanics
Atheism Sexual Health **Ancient History**
Entrepreneurship Languages Sport
Paleontology Needlework Islam
Metaphysics Investment Archaeology
Parenting Statistics Criminology
Motivational

arti. donum
amicitiae,
tui Quomodo
et Aliciae.
Xmas 1869.

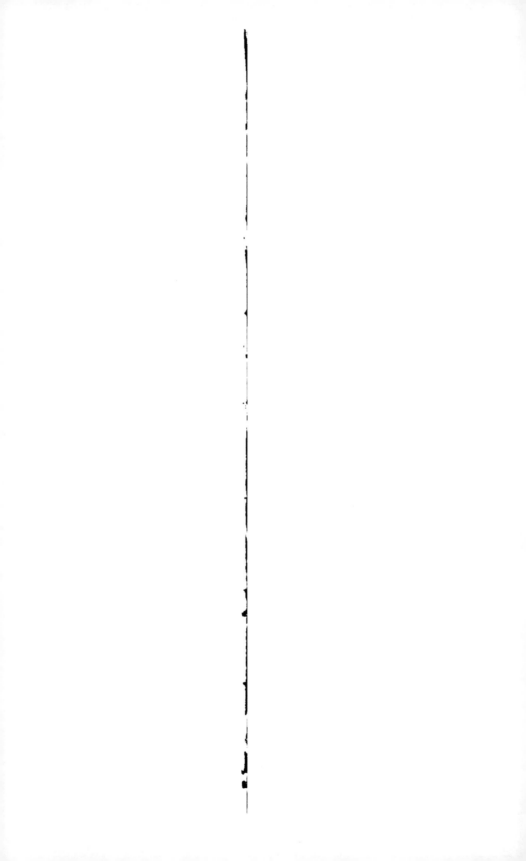

SABRINAE COROLLA

IN HORTULIS

REGIAE SCHOLAE SALOPIENSIS

CONTEXUERUNT

TRES VIRI FLORIBUS LEGENDIS

Δειξάμενοι στοργὴν φιλομήτορα

ANTHOLOGIA GRAECA

LONDINI

IMPENSIS GEORGII BELL

IN VICO DICTO FLEET STREET

———

MDCCCL

MVSIS · CAMENISQVE · VETERIBVS

VTINAM · NE · BRITANNIAM · RELICTVRIS

D. D. D.

T. V. F. L.

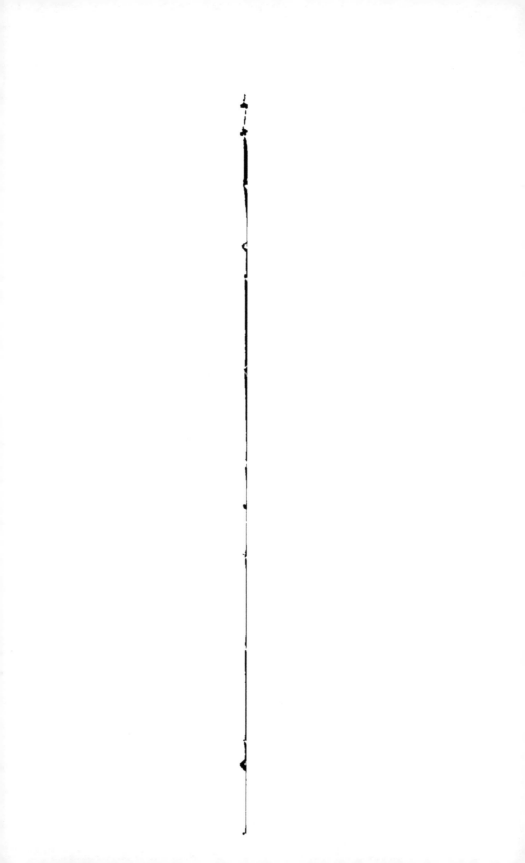

TRIUM VIRORUM PRAEFATIO.

QVAM viam praeivit vir eleganti ingenio et doctrina Henricus Drury, seqvutus est doctissumus Gulielmus Linwood, qvom alter Arundines Cami, suaves illas et lepore plenas, alter pari felicitate Anthologiam contexeret Oxoniensem, eandem insistimus non aemulantes nos qvidem: inter duas enim celeberrumas orbis terrarum Academias unumqve Ludum Litterarium aemulatio esse potest nulla: sed, qvom harumce litterarum studia, qvae veremur ne in dies obsolescant, nondum penitus excidisse videremus, condendum censuimus ciusmodi monumentum, qvod posteris hominibus traderet, veteres illas Musas ac Camenas non ad Tamesin solum, sed in Sabrinae etiam ripis aliqvando vestigia posuisse.

Etenim iam anni sunt amplius qvinqvaginta, ex qvo Regiae Scholae Salopiensi praefectus est Samuelis Butlerus, vir omni laude praestantior. Qvi qvid ad litteras antiqvas excolendas, qvid ad pueros liberalius instituendos contulerit, sciunt qvidem multi: qvibus autem difficultatibus obluctatus id effecerit, paucis innotuit, plerisqve vix esset credibile. Nobis igitur hoc opus adgredientibus spes illa calcar subdidit, fore, ut viri tanti tamqve egregie meriti ' haerentem capiti multa cum laude coronam' novis qvalibuscumqve floribus ornaremus.

In Corolla contexenda qvid cuiqve debuerimus, legentibus erit in propatulo. Qvi nos aut suppetiis instruxerunt aut ingenuo favore proseqvuti sunt, iis, qvotqvot sunt, gratias agimus et habemus ingentes. Neqve vero dubium est nobis qvin multi ubiqve sint Salopienses, qvi si consilii nostri fieri potuissent certiores, summo nos studio nervisqve omnibus adiuvissent. Hos igitur in primis et benevolum qvemqve lectorem enixe rogamus, ut huic opusculo nostro faveant, et, si plura, qvod speramus, non displicuerint, maculis iis, . qvas humana parum caverit natura, offendi se ne patiantur.

Dabamus Londini
Cal. Febr. A.s. MDCCCL.

SCHOLAM REGIAM SALOPIENSEM fundavit Rex Eduardus Sextus: vectigalia eius auxit dimidio tanto Elisabetha Regina, eamqve ita legibus bonis firmavit, ut vere fieret Libera, id est, publica et civibus universis patens: qvam vim esse credimus vocis Liberae. Itaqve Archididascalus eius primus Thomas Astonus, vir egregius, novem annis discipulos inscripsit Oppidanos ducentos et triginta, Alienos autem septingentos: qvorum inlustrissuma duo nomina sunt, Philippus Sidney et Fulke Greville.

'Philippus Sidney, filius et heres Henrici Sidney, Militis, de Penshurst in Comitatu Cantiae, necnon Serenissimi Ordinis Garterii Militis,' Regiae Scholae Salopiensis ordinibus adscriptus est a. d. xvi. Cal. Nov. A.S. MDLXIV. Pro Batavorum libertate gloriose pugnans cecidit artium centum iuvenis A.S. MDLXXXVI. (P. S.)

'Fulke Gryvill, filius et heres Fulki Gryvill, Armigeri, de Beauchamp Court in Comitatu Varvici,' Regiae Scholae Salopiensis ordinibus adscriptus est a. d. xvi. Cal. Nov. A.S. MDLXIV., qvi, qvom titulo et dignitate Baronis Brook insignitus esset, homicidae manu scelesta cecidit A.S. MDCXXVIII.: vir probus et sagax, poeta subtilis, Elisabethae Reginae inter Ministros, Iacobo Regi e Consiliis Intumis, et Philippi Sidneii amicus. (B.)

Catalogum subiecimus, in qvo recensiti sunt omnes fere Salopienses huius seculi qvi in sinum societatemqve Collegiorum, sive Sociorum sive Scholarium nomine, recepti sunt: qvi in Prima aut Secunda Classi sive Litterarum Humaniorum sive Disciplinarum Mathematicarum collocati sunt: qvi Flores ad Sabrinae Corollam contulerunt: necnon unum fortassis alterumqve, qui in alio genere laudem nacti sunt. Qvem catalogum ita constituimus, ut cuiusqve Collegium, Academiam, statum collegialem indicaremus: deinde annum qvo Baccalaurei gradum conseqvutus sit: deniqve sigla poneremus eorum, qvi Flores contulerunt.

b

Gulielmus Wolryche Whitmore (qv. Senator).				
Thomas Smart Hughes, A.M., Coll. Emman.	C.	qv. Soc.	viii	T. S. H.
Gulielmus H. Parry, A.M., Coll. D. Ioann.	C.	qv. Soc.	viii	W. H. P.
Ioannes Evans, A.M., Aul. Clar. .	C.	qv. Soc.	ix	J. E.
Gulielmus R. Gilby, A.M., Coll. Trin.	C.	qv. Soc.	ix	
Robertus Wilson Evans, A.M., Coll. Trin.	C.	qv. Soc.	xi	R. W. E.
Gul. Vickers, A.M. (Archidiaconus), Coll. Trin.	C.	....	xi	
Iosephus Mayor, A.M., Coll. D. Ioann.	C.	qv. Soc.	xii	
Marmaducas Lawson, A.M., Coll. Magd.	C.	qv. Soc.	xvi	M. L.
Joannes Hildyard, A.M., Coll. D. Ioann.	C.	qv. Schol.	xviii	H.
Ricardus P. Thursfield, A.M., Coll. D. Ioann.	C.	qv. Schol.	xix	
Thomas Rowley, S.T.P., Aed. Christ .	O.	....	xix	
Ioannes Loxdale, A.M., Coll. D. Ioann.	C.	qv. Schol.	xx	
Thomas Sheepshanks, A.M., Coll. Trin.	C.	qv. Schol.	xx	
Andreas Lawson, A.M. (qv. Senator), Coll. Mert.	O.	....	xxi	A. L.
Thomas Williams, A.M. (Archidiaconus), Coll. Oriel.	O.	....	xxii	
Robertus Cory, A.M., Coll. Emman. .	C.	qv. Soc.	xxiii	
Gul. E. Evans, A.M., Aul. Clar. . .	C.	qv. Schol.	xxiii	W. E. E.
Arthurus Hanbury, A.M., Coll. Trin. .	C.	qv. Schol.	xxiii	A. H.
Eduardus Baines, A.M., Coll. Christ. .	C.	qv. Soc.	xxiv	
Gul. Crawley, A.M. (Archidiaconus), Coll. Magd.	C.	qv. Soc.	xxiv	
Carolus H. Hartshorne, A.M., Coll. D. Ioann.	C.	....	xxv	
Ioannes M. Wakefield, A.M., Coll. D. Ioan.	C.	qv. Schol.	xxv	
Fridericus Hildyard, A.M., Aul. Trin. .	C.	qv. Soc.	xxv	
Fridericus E. Gretton, A.M., Coll. D. Ioann.	C.	qv. Soc.	xxvi	F. E. G.
Ioannes Hodgson, A.M., Coll. Trin. .	C.	qv. Soc.	xxvi	
Ioannes Price, A.M., Coll. D. Ioann. .	C.	qv. Schol.	xxvi	J. P.
Ioannes Stock, A.M., Coll. S. Pet. .	C.	....	xxvi	
Georgius A. Butterton, S.T.P., Coll. D. Ioann.	C.	qv. Soc.	xxvii	
Lamplugh Brougham Dykes, A.M., Coll. D. Pet.	C.	Soc.	xxvii	
Benj. H. Kennedy, S.T.P., Coll. D. Ioann.	C.	qv. Soc.	xxvii	K.
Philippus H. Lee, A.M., Coll. Aen. Nas.	O.	qv. Soc.	xxvii	
Eduardus Dodd, A.M., Coll. Magd. .	C.	Soc.	xxviii	
Thomas W. Peile, S.T.P., Coll. Trin. .	C.	qv. Soc.	xxviii	T. W. P.
Ioannes Wood Warter, A.M., Aed. Christ.	O.	....	xxviii	
Thomas Butler, A.M., Coll. D. Ioann. .	C.	qv. Schol.	xxix	
Georgius H. S. Johnson, A.M., Coll. Regin.	O.	Soc.	xxix	
Herbertus Johnson, A.B., Coll. Wadham.	O.	qv. Schol.	xxix	H. J.

Horatius S. Hildyard, A.M., Coll. D. Pet.	C.	qv. Soc.	xxix	H. S. H.
Ioannes Lawson, A.M., Aul. Alban.	O.	....	xxix	J. L.
Samuelis Marindin, A.M., Coll. Trin.	C.	....	xxix	S. M.
Robertus Smith, A.M., Coll. D. Ioann.	C.	qv. Schol.	xxix	R.
Daniel Vawdrey, A.M., Coll. Aen. Nas.	O.	qv. Soc.	xxix	
Eduardus Massie, A.M., Coll. Wadham.	O.	qv. Schol.	xxx	
Fridericus Watkins, A.M., Coll. Emman.	C.	qv. Soc.	xxx	F. W.
Carolus Whitley, A.M., Coll. D. Ioann.	C.	qv. Soc.	xxx	
Eduardus Yardley, A.M., Coll. Magd.	C.	qv. Soc.	xxx	
Jonathanus H. L. Cameron, A.M., Coll. Trin.	C.	....	xxxi	J. H. L. C.
Georgius Casson, A.M., Coll. Aen. Nas.	O.	qv. Soc.	xxxi	
Carolus J. Johnstone, A.M., Coll. Cai.	C.	qv. Soc.	xxxi	C. J. J.
Edmundus Hartopp Cradock (Grove), A.M., Coll. Aen. Nas.	O.	qv. Soc.	xxxi	E. H. C.
Petrus Payne, A.M., Coll. Ball.	O.	qv. Soc.	xxxi	P.
Carolus W. Borrett, L.C.P., Coll. Magd.	O.	Soc.	xxxii	C. W. B.
Eduardus Broadhurst, A.M., Coll. Magd.	C.	qv. Soc.	xxxii	
Ioannes R. L. Kettle, A.M., Coll. Linc.	O.	Soc.	xxxii	
Laurentius Panting, A.M., Coll. D. Ioann.	C.	qv. Schol.	xxxii	
Ricardus Shilleto, A.M., Coll. Trin.	C.	qv. Schol.	xxxii	R. S.
Iosephus Dodd, A.M., Coll. Regin.	O.	....	xxxiii	
Lawson P. Dykes, A.M., Coll. Regin	O.	Soc.	xxxiii	
Gulielmus Fletcher, S.T.P., Coll. Aen. Nas.	O.	qv. Soc.	xxxiii	{ W. F., { p. 314.
Thomas F. Henney, A.M. Coll. Pemb.	O.	Soc.	xxxiii	
Iacobus Hildyard, A.M. Coll. Christ.	C.	qv. Soc.	xxxiii	J. H.
Ioannes G. Longueville, A.M., Coll. Wadham.	O.	qv. Schol.	xxxiii	
Robertus Scott, A M., Coll. Ball.	O.	qv. Soc.	xxxiii	S.
Ioannes Thomas, A.M., Coll. Trin.	O.	qv. Schol.	xxxiii	
Thomas Brancker, A.M. Coll. Wadham.	O.	qv. Soc.	xxxiv	T. B.
Chandos Hoskyns, A.B., Coll. Ball.	O.	....	xxxiv	
Georg. J. Kennedy, A.M., Coll. D. Ioann.	C.	qv. Soc.	xxxiv	G. J. K.
Thomas Lloyd, A.M., Aed. Christ.	O.	....	xxxiv	
Thomas B. Levy, A.M., Coll. Regin.	O.	Soc.	xxxiv	
Humphridus Sandford, A.M., Coll. D. Ioann.	C.	qv. Schol.	xxxiv	
Gulielmus H. Trentham, A.M., Coll. D. Ioann.	C.	qv. Soc.	xxxiv	W. H. T.
Eduardus Warter, A.M., Coll. Magd.	C.	Soc.	xxxiv	
Ioannes Cooper, A.M., Coll. Trin.	C.	Soc.	xxxv	
Georgius F. Harris, A.M., Coll. Trin.	C.	qv. Soc.	xxxv	G. F. H.
Franciscus J. Procter, A.M., Aul. Cath.	C.	qv. Soc.	xxxv	
Gulielmus H. Bateson, A.M., Coll. D. Ioann.	C.	Soc.	xxxvi	
Eduardus J. Edwards, A.M., Coll. Ball.	O.	....	xxxvi	
Gathorne Hardy, A.M., Coll. Oriel.	O.	....	xxxvi	
Thomas E. Headlam, A.M. (Senator), Coll. Trin.	C.	....	xxxvi	
Georgius Jeudwine, A.M., Coll. D. Ioann.	C.	qv. Schol.	xxxvi	

Fridericus P. Lowe, A.M., Coll. Magd.	O.	qv. Soc.	xxxvi	
Georgius H. Marsh, A.M. Coll. D. Ioann.	C.	Soc.	xxxvi	G. H. M.
David Melville, A.M., Coll. Aen. Nas. (Aulae Episc. Hatf. Dunelm. Principalis.)	O.	....	xxxvi	
Gulielmus T. Turner, A.M., Coll. Trin.	C.	....	xxxvi	
Ricardus E. Turner, A.M., Coll. Trin.	C.	....	xxxvi	
Robertus J. Buddicom, Coll. Aen. Nas.	O.	qv. Schol.	xxxvii	
Gulielmus Dickinson, A.M., Coll. Trin.	O.	qv. Schol.	xxxvii	W. D.
Alexander J. Ellis, A.M., Coll. Trin.	C.	....	xxxvii	
Fridericus Harris, A.M., Coll. Trin.	C.	....	xxxvii	
Alexander G. Hildyard, A.M., Coll. Pemb.	C.	qv. Schol.	xxxvii	A. G. H.
Henricus Holden, A.M., Coll. Ball.	O.	qv. Schol.	xxxvii	H. H.
Gulielmus G. Humphry, A.M., Coll. Trin.	C.	Soc.	xxxvii	W. G. H.
Carolus T. Newton, A.M., Aed. Christ.	O.	Soc.	xxxvii	C. T. N.
Robertus M. Dukes, A.M., Coll. Regin.	O.	qv. Soc.	xxxviii	R. M. D.
Eduardus R. Dukes, A.M., Aed. Christ.	O.	Soc.	xxxviii	
Henricus J. Hodgson, A.M., Coll. Trin.	O.	qv. Soc.	xxxviii	H. J. H.
Edgar Lloyd, A.M., Coll. Mert.	O.	qv. Schol.	xxxviii	
Georgius A. C. May, A.M., Coll. Magd.	C.	qv. Soc.	xxxviii	G. A. C. M.
Fridericus Metcalfe, A.M., Coll. Linc.	O.	Soc.	xxxviii	
Gulielmus Parkinson, A.M., Coll. D. Ioann.	C.	qv. Soc.	xxxviii	
Arthurus J. Pigott, A.M., Coll. Mert.	O.	qv. Schol.	xxxviii	
Henricus Thompson, A.M., Coll. D. Ioann.	C.	Soc.	xxxviii	H. T.
Thomas S. Evans, A.M., Coll. D. Ioann.	C.	qv. Schol.	xxxix	T. S. E.
Iacobus Fraser, A.M., Coll. Oriel.	O.	Soc.	xxxix	J. F
Augustus M. Hopper, A.M., Coll. D. Ioann.	C.	qv. Soc.	xxxix	A. M. H.
Eduardus G. Hornby, A.M., Coll. Aen. Nas.	O.	qv. Schol.	xxxix	E. G. H.
Carolus J. Tindal, A.M., Coll. Trin.	C.	....	xxxix	C. J. T.
Eduardus Bather, A.M., Coll. Mert.	O.	....	xl	
Mynors Bright, A.M., Coll. Magd.	C.	Soc.	xl	
Franciscus France, A.M., Coll. D. Ioann.	C.	Soc.	xl	
Henricus A. Marsh, A.M., Coll. Trin.	C.	Soc.	xl	H. A. M.
Henricus C. Rothery, A.M., Coll. D. Ioann.	C.	qv. Schol.	xl	
Georgius Sandford, A.M., Coll. D. Ioann.	C.	qv. Schol.	xl	
Gulielmus Thomson, A.M., Coll. Regin.	O.	Soc.	xl	
Ioannes Earle Welby, A.M., Coll. Magd.	O.	Soc.	xl	
Ioannes Bather, A.M., Coll. D. Ioann.	C.	Soc.	xli	J. B.
Georgius Bland, A.M., Coll. Trin.	C.	....	xli	G. B.
Eduardus M. Cope, A.M., Coll. Trin.	C.	Soc.	xli	E. M. C.
Ioannes H. Crowder, A.M., Coll. Mert	O.	qv. Schol.	xli	
Edmundus S. Foulkes, A.M., Coll. Ies.	O.	Soc.	xli	E. S. F.
Carolus E. Moberly, A.M., Coll. Ball.	O.	qv. Schol.	xli	
Ricardus Prat, A.M., Coll. Mert.	O.	qv. Schol.	xli	
Henricus Thring, A.M., Coll. Magd.	C.	Soc.	xli	T.
Thomas F. Barstow, A.M., Coll. Trin.	C.	....	xli	

Ioannes G. Lonsdale, A.M., Coll. Trin.	C.	....	xli	
Edgar W. Montagu, A.M., Coll. Cai. .	C.	qv. Schol.	xlii	
Franciscus Morse, A.M., Coll. D. Ioann.	C.	qv. Schol.	xlii	F. M.
Hugo A. J. Munro, A.M., Coll. Trin. .	C.	Soc.	xlii	H.A.J.M.
Georgius Nugée, A.M., Coll. Trin. .	C.	....	xlii	
Robertus H. Cobbold, A.M., Coll. D. Pet.	C.	qv. Schol.	xliii	
Georgius Druce, A.M., Coll. D. Pet. .	C.	Soc.	xliii	G. D.
Eduinus H. Gifford, A.M., Coll. D. Ioan.	C.	qv. Soc.	xliii	E. H. G.
Vanden Bempde Johnstone, A.M., Coll. Emman..	C.	qv. Schol.	xliii	V. B. J.
Thomas Ramsbotham, A.M., Coll. Chr.	C.	qv. Schol.	xliii	
Georgius A. Alston, A.M., Coll. Wadham.	O.	....	xliv	G. A. A.
Ioannes Best, A.M. (Senator), Coll. D. Pet.	C.	....	xliv	
Gulielmus G. Clark, A.M., Coll. Trin. .	C.	Soc.	xliv	W. G. C.
Hon. Ludovicus W. Denman, A.M. Coll. Magd. . . .	C.	qv. Schol.	xliv	
Gulielmus B. T. Jones, A.M., Coll. Regin.	O.	Soc.	xliv	W.B.T.J.
Gulielmus Fellowes, A.M., Coll. D. Ioann.	C.	qv. Schol.	xlv	W. F., p.
Iacobus G. C. Fussell, A.M., Coll. Trin.	C.	....	xlv	[155.
Gulielmus W. Foulkes, A.M., Coll. Ies.	O.	qv. Schol.	xlv	
Gulielmus W. How, A.M., Coll. Wadham.		....	xlv	W. W. H.
Robertus E. Hughes, A.M., Coll. Magd.		Soc.	xlv	
Gulielmus T. Parkins, A.M., Coll. Mert.		qv. Schol.	xlv	
Iacobus Riddell, A.M., Coll. Ball. .		Soc.	xlv	J. R.
Robertus V. Williams, A.M., Aed. Christ.		....	xlv	
Thomas B. Lloyd, A.M., Coll. D. Ioann.		qv. Schol.	xlvi	
Gulielmus Scoltock, A.M., Aed. Christ.		....	xlvi	
Henricus De Winton, A.M., Coll. Trin.		qv. Schol.	xlvi	
Fridericus Chalker, A.B., Coll. C. Christ.		Schol.	xlvii	
Ioannes M. Clarke, A.B., Coll. D. Ioann.		Schol.	xlvii	
Georgius O. Morgan, A.B. Coll. Vigorn.		Schol.	xlvii	G. O. M.
Thomas W. Morley, A.B., Coll. Magd. .	.	qv. Schol.	xlvii	
Holland Sandford, A.B., Coll. D. Ioann.		Schol.	xlvii	
Carolus T. Calvert, A.B., Coll. D. Ioann.		Schol.	xlviii	C. T. C.
Arthurus Male, A.B., Coll. D. Pet. .		qv. Schol.	xlviii	
Herbertus Marshall, A.B., Coll. Cai. .		qv. Schol.	xlviii	
Ioannes E. B. Mayor, A.B., Coll. D. Ioann.		Soc.	xlviii	
Ricardus H. Gwyn, A.B., Coll. Magd.		qv. Schol.	xlviii	
Georgius E. Yate, A.B., Coll. D. Ioann.		Schol.	xlviii	
Ioannes C. Thring, A.B., Coll. D. Ioann.		Schol.	xlviii	
Eduardus Burd, M.B., Coll. Cai. .	O.	Schol.	xlix	
Fridericus T. Colby, A.B., Coll. Exon.	O.	Soc.	xlix	
Stephanus P. Denning, A.B., Coll. Univ. Dunelm.		Soc.	xlix	
Herbertus Morse, A.B., Coll. Cai. .		qv. Schol.	xlix	
Henricus C. A. Tayler, A.B., Coll. Trin.	.	Schol.	xlix	H. C. T.
Carolus E. Turner, A.B., Coll. Magd. .	.	qv. Schol.	xlix	
Thomas C. Barker, Aed. Christ. .	.	Soc.	..	T. C. B.
Ioannes Eddowes, Coll. Magd. .	.	Schol.	..	
Carolus E. Jenkins, Coll. Magd. .	O.	Schol.	..	

Franciscus Kewley, Coll. D. Ioann.	.	C.	Schol.	..	F. K.
Andreas Morley, Coll. D. Ioann. .	.	C.	Schol.	..	
Carolus Weatherby, Aul. N. Hosp.	.	O.	....	..	C. W.
Henricus Gordon, Coll. Ball.	.	O.	Schol.	..	
Henricus Parker, Coll. Univ.	.	O.	Schol.	..	
Georgius S. Bayne, Coll. Magd. .	.	C.	Schol.	..	
Cecilius F. Holmes, Coll. D. Ioann.	.	C.	Schol.	..	C. H.
Gulielmus Owen, Coll. D. Ioann. .	.	C.	....	..	W. O.
Thomas Clayton, Coll. Trin	.	O.	Schol.	..	
Ioannes W. Taylor, Coll. S. Pet. .	.	C.	Schol.	..	
Robertus Burn, Coll Trin. .	.	C.	....	..	R. B.
Philippus Perring, Coll. Trin.	.	C.	....	..	P. P.
Georgius B. Morley, Coll. D. Ioann.	.	C.	Schol.	..	G. B. M.
Gulielmus Inge, Coll. Vigorn.	.	O.	Schol.	..	W. I.
Ioannes S. Jones, Coll. Ies. .	.	O.	Schol.	..	
Arthurus White, Coll. Magd.	.	C.	Schol.	..	
Carolus K. Hartshorne, Aed. Christ.	.	O.	....	..	C. K. H.
Samuelis H. Burbury, Coll D. Ioann.	.	C.	....	..	S. H. B.

FLORUM DESCRIPTIO.

CORRIGENDA.

p. 41	l.	6	*pro*	redeuns	*lege*	rediens
,, 63	,,	13	,,	ὁράθ'	,,	ὁρᾶτ'
,, 131	,,	7	,,	'ξελῇς	,,	'ξέλῃς
,, 145	,,	16	,,	gena	,,	genis
,, 181	,,	5	,,	ἑδράς	,,	ἕδρας
,, ,,	,,	11	,,	σταθεὶς τε	,,	σταθεὶς τε
,, 185	,,	22	,,	ἐχθρὰν	,,	ἔχθραν
,, 236	,,	16	,,	Moore	*scribe*	Burns.
,, 263	,,	5	,,	orbem	*lege*	orbi
,, 286	,,	22	,,	genae	,,	labri
,, 293	,,	ult.	,,	H. J. T.	,,	T. H. C.
,, 302	,,	25	,,	non ultuma	,,	nos ultuma
,, 308	,,	1	,,	θαύμαστος	,,	θαυμαστὸς

Qvod in p. 33. l. 14. 'Calĕdōniis' reliqvimus, id fecimus non
ignari nos qvidem Manilium et Claudianum alteram produxisse
syllabam, conripuisse tertiam: sed persuasum habebamus in
nominibus huiusmodi eam sibi licentiam sumsisse veteres, ut
vocales ἀδιαφόρους, prout sibi conveniret, vel breves scriberent
vel longas (ut Batăvus et Batāvus, Sĭdŏnius et Sīdōnius, Brῐtan-
nus et Brīto, cum multis aliis), neqve videbamus cur idem recen-
tioribus non liceret. Qvod si qvis nobis concedi noluerit, is pro
'Caledoniis' scribat 'Borealibus.'

TABULARUM DESCRIPTIO.

Ad Reginam.

A.S. MDCCCXXXVII.

Qvae celebro meliore nitent signata lapillo
   Tempora; felici, qvisqvis es, ore fave.
In solio Regina sedet iuvenilis avito,
   Et populum iusta sub ditione tenet.
Signat honos frontem, componit membra venustas,
   Excubat in vernis gratia multa genis:
Ambulat os circum gravitas limenqve tuetur,
   Nec sinit indignos inde venire sonos.
Cetera conveniunt externae cuncta figurae,
   Incolit et pulcros mens qvoqve pulcra sinus.
Caverat haec tenero prudentia matris ab aevo,
   (Ah mater, pretium dulce laboris habes)
Sedula, ne digno suboles indigna parente
   Cresceret, et claros dedecoraret avos:

B

Provida ne fasces et avitam nacta coronam
   Sorte minor magna regia nympha foret.
Sic viguit, sic culta fuit, sic crevit in annos ;
   Edita sic miris formaqve mensqve modis.
Dulce decus patriae, Virgo, rosa sacra, virebas ;
   Laeserat et tenerum nulla procella caput :
Brachia te circum qvercus nativa tetendit,
   Qvercus, amor superi dictaqve cura Dei.
Salve lux populo praesens, Victoria salve ;
   Cognatum patriae nunc qvoqve nomen habes.
Per tua coniurat, veluti per foedera, regnum
   Nomina ; vox turbam, vox tenet una duces.
Immemores belli veteris paullisper et irae
   Insolitam iungunt ignis et unda fidem.
Altera qvod censent, ultro pars altera censent ;
   Raucaqve verboso Curia Marte vacat.
Te proceres alti, te plebs adversa salutat,
   Divitibus carum pauperibusqve caput.
Tota suae faciem cognoverat Anglia natae,
   Spesqve vel in cunis curaqve gentis eras :
In gremio populi vivit tua semper imago,
   Qvemqve dedit praesens forma, calescit amor.
Sol veluti terris, eqvitat qvocumqve, vigorem
   Spargit ab aethereis laetitiamqve rotis :
Sic qvoqve, qvos visit, regina beaverat agros,
   Passaqve formosum sunt loca mile iubar.
Ars neglecta diu venientem agnovit amicam,
   Et fuit in pretio, sordidus ante, labor :
Spretaqve patronam facilem doctrina recepit,
   Ausaqve despectum tollere Musa caput.
Illius et nostram penetravit gratia sedem,
   Pressaqve regali regia tecta pede.
Personuit, memini, et semper meminisse iuvabit,
   Personuit laeto rusqve forumqve sono ;

SABRINAE COROLLA.

Conscia laetantes vidit Sabrina catervas,
 Vidit, et admissis auctior ivit aquis.
Tempore non alio studiorum oblita iuventus
 Dat calamo parvas ingenioqve moras:
Iustitium labor ipse petit, mirataqve pompam
 Consuetum fugiens Musa reliqvit opus,
Dum veterem lustrans Mater cum Prole palaestram
 Prorogat arguto tempora festa choro.
O ter fausta tua, Virgo formosa, corona!
 O ter fausta tuo terra Britanna iugo!
Non melior totum regni tutela per orbem,
 Non feret arx tantam, non feret ensis, opem,
Quam populus regemqve colens et cultus ab illo,
 Frenaqve frenantum doctus amore pati.
Concitet Hesperios audax discordia fines,
 Rixaqve cessantes mittat ad arma viros:
Frangere seditio regnum Canadense laboret,
 Iniiciens rutilas pectus in omne faces:
Haec tellus secura manet, secura manebit,
 In medio cautes inlabefacta mari;
Maneqve nigrantem tenebris iraqve procellam
 Gratior inseqvitur candidiorqve dies.
Magne Pater caeli, rerum suprema Potestas,
 Numine sors regum statqve caditqve tuo.
Longa regat felixqve tuam Victoria gentem,
 Dum, tibi qvae grata est, non timet ire viam;
Vim tua det semper trepidae praesentia menti,
 Teqve adeat fido laeta dolensve sinu.
Qvid loqvor? O careat, qvantum licet, illa dolore,
 O videat placidos et sine nube dies.
Laeta sit in praesens, sed non incauta futuri;
 Dum fruitur vita, sit qvoqve docta mori.
Sic, ubi mortalem deponet fronte corollam,
 Cinget honoratum dia corona caput.

E. S. F.

My Native Stream.

Pure stream, in whose transparent wave
My youthful limbs I wont to lave,
No torrents stain thy limpid source,
No rocks impede thy dimpling course :
Devolving from thy parent lake,
A charming maze thy waters make,
By bowers of birch, and groves of pine,
And hedges flower'd with eglantine.
   Still on thy banks, so gaily green,
May numerous herds and flocks be seen,
And lasses chanting o'er the pail,
And shepherds piping in the dale,
And ancient faith that knows no guile,
And industry embrown'd with toil,
And hearts resolved, and hands prepared,
The blessings they enjoy to guard.

SMOLLETT.

Melody.

How dear to me the hour when daylight dies,
   And sunbeams melt along the silent sea !
For then sweet dreams of other days arise,
   And memory breathes her vesper sigh to thee.

And as I watch the line of light that plays
   Along the smooth wave toward the burning west,
I long to tread that golden path of rays,
   And think 'twould lead to some bright isle of rest.

MOORE.

Flumen Natale.

Rivule, qvo memini puerum me saepe lavari,
  Purior electro splendidiorqve vitro,
Tu sine montanis torrentibus et sine saxis
  Curris inoffensas lubrica lympha vias;
Te primos latices de matre palude trahentem
  Dulcibus inlecebris daedalus error agit,
Aut ubi betullae frondet nemus, aut ubi pinus,
  Septave pensilibus luxuriosa rosis.
Sic semper tibi riparum per amoena vireta
  Mile boves passim, mile vagentur oves:
Et tibi non desint nymphae ad mulctrale canentes,
  Laetaqve pastorum vallis arundinibus:
Et te prisca fides et nescia fallere virtus
  Et labor adsiduo sole perustus amet,
Cordaqve coniurata virum dextraeqve paratae
  Custodire, qvibus iure fruuntur, opes.

                                        T. S. E.

Vesper.

Cara mihi redeunt moriturae tempora lucis,
  Qvom radii in tacitas dissoluuntur aqvas;
Somnia tum lapsos reddunt mihi dulcia soles,
  Teqve memor cupido pectore, vita, seqvor.

Qvodqve tremit longo dum conspicor ordine lumen,
  Levis ubi Hesperiis ignibus unda rubet,
Mens avet aurato vestigia ponere tractu,
  Transqve vias solis rapta qviete frui.

                                        K.

There was War in Heaven.

He on his impious foes right onward drove,
Gloomy as night: under his burning wheels
The stedfast empyrean shook throughout,
All but the throne itself of God.   Full soon
Among them he arrived, in his right hand
Grasping ten thousand thunders, which he sent
Before him, such as in their souls infixed
Plagues.   They, astonished, all resistance lost,
All courage; down their idle weapons dropt.
O'er shields and helms and helmed heads he rode
Of thrones and mighty seraphim prostrate,
That wished the mountains now might be again
Thrown on them as a shelter from his ire.
Nor less on either side tempestuous fell
His arrows, from the fourfold-visaged Four
Distinct with eyes, and from the living wheels
Distinct alike with multitude of eyes.
One spirit in them ruled, and every eye
Glared lightning, and shot forth pernicious fire
Among the accursed, that withered all their strength,
And of their wonted vigour left them drained,
Exhausted, spiritless, afflicted, fallen.
Yet half his strength he put not forth, but checked
His thunder in mid volley; for he meant
Not to destroy, but root them out of heaven.
The overthrown he raised; and as a herd
Of goats or timorous flock together thronged,
Drove them before him thunderstruck, pursued
With terrors and with furies to the bounds
And crystal wall of heaven, which, opening wide,

Bellum Caeleste.

Protenus incestos atrae se noctis in hostes
Coniicit instar habens, ardescentumqve rotarum
Vi tremit ex imis radicibus ignifer aether.
Unius inconcussa suo stat robore sedes
Ipsa Dei.   Tanto ruit inpete et ilicet hostem
Adseqvitur, dextraqve tonitrua vindice circum
Innumero vibrat numero, praemissaqve tela
Torqvet agens ante atqve infigit corde sub alto
Pestes.   Adtoniti cessant obsistere, cessat
Robur, et e manibus procumbit inutile ferrum.
Scuta super galeasqve simul galeataqve regum
Magnanimumqve ducum pergit capita ire iacentum.
Qvam vellent iterum, diis tutamen ab iris,
Montibus urgeri : sed utrimqve haud secius urget
Tempestas telorum ac ferreus ingruit imber.
Qvattuor hunc formae emittunt totidem ora ferentes,
Qvaeqve suis distincta oculis, pariterqve rotarum
Innumeris distincta oculis animataqve virtus.
Sed cunctos mens una regit, sed lumina flammis
Singula fulmineis rutilant, unde emicat ignis
Exitioqve uno sceleratorum agmina miscet.
Vis exusta perit, solitus vigor ossa reliquit,
Spemqve animumqve simul disiectaqve robora ponunt.
Sed neqve dimidias vires exercet, et ignem
Lapsu inhibet medio ; neqve enim rescindere ad unum,
Sed penitus toto voluit convellere caelo.
Ille solo levat eversos ; qvalesqve caprarum
Aut ovium inbelles se conglomerare catervas
Vidimus, adflatos tonitru fugat ante corusco,
Terga premente metu furiisqve seqvacibus usqve
Limen ad extremum et crystallina moenia caeli.

Rolled inward, and a spacious gap disclosed
Into the wasteful deep.   The monstrous sight
Struck them with horror backward, but far worse
Urged them behind; headlong themselves they threw
Down from the verge of heaven: eternal wrath
Burnt after them to the bottomless pit.
  Hell heard the unsufferable noise, Hell saw
Heaven ruining from Heaven, and would have fled
Affrighted; but strict fate had cast too deep
Her dark foundations, and too fast had bound.
Nine days they fell.   Confounded Chaos roared,
And felt tenfold confusion in their fall
Through his wild anarchy; so huge a rout
Encumbered him with ruin.   Hell at last
Yawning received them whole, and on them closed;
Hell their fit habitation, fraught with fire
Unquenchable, the house of woe and pain.

MILTON.

An Epitaph.

He died, and left the world behind;
  His once wild heart is cold;
His once keen eye is quelled and blind:
  What more?—His tale is told.

He came; and baring his heav'n-bright thought,
  He earned the base world's ban;
And—having vainly lived and taught—
  Gave place to a meaner man!

BARRY CORNWALL.

Illa patent late atqve in se revoluta residunt,
Ingentemqve aditum pandunt ad inane profundum,
Horribile adspectu. Fugiunt formidine retro;
Pone tamen graviora instant: de limite caeli
Dant se praecipites: sed inexsaturabilis ira
Ardet adhuc imasqve Erebi sectatur in umbras.
  Audiit horrendum sedes inferna fragorem,
De caeloqve ruens caelum conspexit, et imos
Quaesierat percussa nova formidine tractus;
Ni nimium inmoto nigras fundamine sedes
Hoc metuens iecisset ineluctabile fatum,
Vincla super nimium arcta addens. Labentibus ibat
Nona dies. Chaos audita mugire ruina
Adtonitumqve decemgeminos sensisse tumultus
Per discordia regna plagasqve sine ordine fusas:
Tantae stragis erat vasta sub mole gravatum.
Tandem Erebus magno integros adcepit hiatu,
Adceptosqve sinu clausit: nec talibus ullum
Aptius hospitium; nunqvam hic desaeviit ardor
Igneus; hic posuere cubilia luctus et angor.

H. A. J. M.

Mens divinior.

Mortuus est superaqve excessit luce: refrixit
  Cor nuper ah qvam fervidum!
Obruit atra qvies oculi penetrabile fulgur:
  Qvid plura? Dicta fabula est.

Venit amans veri: docuit praeclara: docentem
  Sprevere cives sordidi:
Sic labor effluxit vanus. Nunc illius inplet
  Natura crassior locum.

K.

Prometheus.

No change, no pause, no hope! Yet I endure.
I ask the earth, have not the mountains felt?
I ask yon heaven, the all-beholding sun,
Has it not seen?   The sea, in storm or calm,
Heaven's ever-changing shadow, spread below,
Have its deaf waves not heard my agony?
Ah me! alas, pain, pain ever, for ever!

The crawling glaciers pierce me with the spears
Of their moon-freezing crystals; the bright chains
Eat with their burning cold into my bones.
Heaven's winged hound, polluting from thy lips
His beak in poison not his own, tears up
My heart; and shapeless sights come wandering by,
The ghastly people of the realm of dream,
Mocking me: and the earthquake fiends are charged
To wrench the rivets from my quivering wounds.

SHELLEY.

Pictorum Certamen ambigvum.

Rennt den Urbiner den erſten der Maler; allein Leonardo
Iſt zu vollendet, um blos irgend der zweite zu ſeyn.

PLATEN.

Prometheus.

Οὐκ ἀμπνοή τις, οὐ μεταλλαγὴ πόνων,
οὐκ ἐλπίς· ἀλλ' ἔθ' οὑμὸς ἀντέχει βίος·
καὶ μὴν πέδον γῆς τῆσδ' ὅμως μαρτύρομαι
οἵων ὄρειοι πρῶνες ᾔσθηνται κακῶν·
καὶ τὸν πανόπτην τόνδε δέρκεσθαι καλῶ
ἐν οὐρανῷ φλέγοντος ἡλίου κύκλον,
καὶ πόντον εὕδοντ' ἢ ζάλῃ κινούμενον
ἀείρρυτον μόρφωμα τῶν ἄνω τόπων
ἔνερθ' ἀναπτυχθέντα· μῶν ἐμὰς δύας
καὶ κωφ' ὅμως τὰ κύματ' οὐκ ἀκήκοεν;
ἆ ἆ· ἔα ἔα.
αἰεὶ μαραίνει μ' ἄλγος οὐκ ἀνασχετόν.
λόγχαις ἀτρύτοις ὥς, ἐφέρπουσαι λάθρᾳ,
κρυσταλλοπῆγές μ' αἵδε κεντοῦσιν ῥοαί·
δεσμοὶ δὲ παχνωθέντες ὡς πυρὸς γνάθῳ
δάπτουσ' ἐς ἧπαρ σάρκας ἐκθοινώμενοι·
Ζεῦ, σὸς δ' ἀμύσσει καρδίαν πτηνὸς κύων
ἰῷ μιαίνων χεῖλος αἱματοσταγὲς
τῶν σῶν ῥέοντι κοὐκ ἀπ' οἰκείων γνάθων.
ὄψεις δ' ἄμορφοι πολυπλανεῖς φοιτῶσ' ἀεί,
τὰ σμέρδν' ὀνείρων δυσπρόσοπτα φάσματα,
ἐπεγγελῶσαι· τοῖς δ' ἔνερθε δαίμοσιν,
οἳ γῆν σαλεύουσ', ἑλκέων φονορρύτων
πέδας ἀποσπᾶν διατόρους ἐντέλλεται.

E. M. C.

Tragoedorum Certamen ambigvum.

Ἴστε θεόν, σέβομέν σε μέγ' ἔξοχον, Ἄγγλε, τραγῳδῶν·
πῶς δὲ καλῶ σ' ἄλλου δεύτερον, ὦ Σόφοκλες;

H. A. J. M.

Hektor's Abschied.

A. Will sich Hektor ewig von mir wenden,
Wo Achill mit den unnahbar'n Händen
Dem Patroklus schrecklich Opfer bringt?
Wer wird künftig deinen Kleinen lehren
Speere werfen und die Götter ehren,
Wenn der finstre Orkus dich verschlingt?

H. Theures Weib, gebiete deinen Thränen;
Nach der Feldschlacht ist mein feurig Sehnen,
Diese Arme schützen Pergamus.
Kämpfend für den heil'gen Herd der Götter
Fall' ich, und des Vaterlandes Retter
Steig' ich nieder zu dem styg'schen Fluß.

A. Nimmer lausch' ich deiner Waffen Schalle,
Müßig liegt dein Eisen in der Halle,
Priam's großer Heldenstamm verdirbt.
Du wirst hingeh'n, wo kein Tag mehr scheinet,
Der Cocytus durch die Wüsten weinet,
Deine Liebe in dem Lethe stirbt.

H. All mein Sehnen will ich, all mein Denken,
In des Lethe stillen Strom versenken,
Aber meine Liebe nicht.
Horch! der Wilde tobt schon an den Mauern,
Gürte mir das Schwert um, laß das Trauern!
Hektors Liebe stirbt im Lethe nicht.

SCHILLER.

Hector et Andromache.

A. Ergo non rediturus ibit Hector
    Qva diris operans sacris Achilles
    Patrocli satiat cruore manes?
    Heu qvis tum pueros tuos docebit
    Hastam coniicere et deos vereri,
    Qvom te nigra palus vorarit Orci?

H. Qvin fletum cohibes, amata conjux?
    Ardor me rapit acer ad duellum:
    Nostri Pergama sustinent lacerti.
    Propugnans veterum sacella divum
    Obcumbo, et patriae salutis auctor
    Demittor Stygio beatus amni.

A. Nunqvam nota crepant mihi arma: in aula
    Pendet lancea deses; inclutamqve
    Sternit Priamidum ruina gentem.
    Ibis qvo neqve lux adit diei,
    Cocytusqve ululans meat, tuumqve
    Lethaei latices tegunt amorem.

H. Qvidqvid mens agitat, cupit, laborat,
    Hoc Lethaea premet qvies; amorem
    Lethe nulla meum vorare pollet.
    Audin', moenibus instat illa Erinys:
    Ferro hoc cinge latus. Qvid usqve ploras?
    Lethaeis amat Hector in tenebris.

                             K.

I saw thee weep.

I saw thee weep—the big bright tear
 Came o'er that eye of blue;
And then methought it did appear
 A violet dropping dew:
I saw thee smile—the sapphire's blaze
 Beside thee ceased to shine;
It could not match the living rays
 That fill'd that glance of thine.

As clouds from yonder sun receive
 A deep and mellow die,
Which scarce the shade of coming eve
 Can banish from the sky;
Those smiles into the moodiest mind
 Their own pure joy impart;
Their sunshine leaves a glow behind
 That lightens o'er the heart.

BYRON.

The Imitator.

An arrow from a bow just shot,
Flew upward to heaven's canopy,
And cried, with pompous self-conceit,
To the king eagle, scornfully,
Look here!—I can as high as thou,
And, towards the sun, even higher sail!
The eagle smiled, and said, O fool,
What do thy borrowed plumes avail?
By others' strength thou dost ascend,
But by thyself dost downward tend.

MACHLER.

Δακρυόεν γελάοισα.

Te vidi, mea, flere, Chloe, lacrumisqve madere
    Lumina caeruleo splendidiora polo:
Blanditias tristes mirans, Sic mane, putavi,
    Lucenti violae rore micare solent.
Vidi iterum risus: coram ridente subacti
    Sapphiri radios deposuere suos.
Non locus est gemmis, ubi talis fulgor ocelli
    Spirat, et ingenuo vivus in ore decor.

Nam veluti nimbos inter nitet aethere Phoebus,
    Nec propria nubes luce rubere facit;
Qvae vel adhuc servant roseae vestigia flammae,
    Qvom tenebras pulso nox trahit atra die:
Sic subeunt illi tristissima pectora risus,
    Sic dant laetitiam maesta per ora novam.
Risus abit: menti superest ridentis imago,
    Tristitiae memorem nec sinit esse suae.

                      W. E. E.

Stulta Superbia.

Qvom tetigit nubes arcu modo missa sagitta,
    Sic avium vano provocat ore ducem:
En, aqvila, in superas ego te sublimior auras
    Conreptus Phoebo iam propiore fruor.
Huic avis inridens inqvit: Vanissima rerum,
    Qvid te sumta brevi tempore penna iuvat?
Scandis ad aetherias alienis viribus arces;
    Ad terram proprio pondere lapsa ruis.

                      K.

The Spirit of Love.

A Spirit there is, whose fragrant sigh
  Is burning now through earth and air:
Where cheeks are blushing, the Spirit is nigh;
  Where lips are meeting, the Spirit is there!

His breath is the soul of flowers like these;
  And his floating eyes,—oh, they resemble
Blue water-lilies, when the breeze
  Is making the stream around them tremble!

Hail to thee, hail to thee, kindling power!
  Spirit of love! Spirit of bliss!
Thy holiest time is the moonlight hour,
  And there never was moonlight so sweet as this.

  By the fair and brave, who blushing unite,
  Like the sun and wave when they meet at night!
  By the tear that shews when passion is nigh,
  As the rain-drop flows from the heat of the sky!

  By the first love-beat of the youthful heart;
  By the bliss to meet, and the pain to part!
  By all that thou hast to mortals given,
  Which—oh, could it last, this earth were heaven!

We call thee hither, entrancing power!
  Spirit of love! Spirit of bliss!
The holiest time is the moonlight hour,
  And there never was moonlight so sweet as this!

                                        MOORE.

Spiritus Amoris potens.

Spiritus celebrat orbem, cui fragrans suspirium
Perqve terras perqve caeli currit ardescens plagas.
Qva genae rubent amantes, Spiritus propinqvus est;
Labra qva labris premuntur, Spiritus praesens adest.
Halat ille flosculorum vividam fragrantiam:
Liliis fluitant ocelli comparandi caerulis,
Qvom Notus circumfluentis crispat undae marmora.
Dive salve bisqve salve concitator pectoris;
Spiritus potens amoris, Spiritus gaudi potens.
Cynthiae nitentis hora si tibi sacerruma est,
Nunc sacerrumo nitore splendet ipsa Cynthia.
Per venustas perqve fortes qvos rubore fervidos,
Ceu Thetin Solemqve vesper, conjugat pudens amor;
Perqve lacrumas ingruentis indices cupidinis,
Qvalis ex fervente caelo gutta pluvia desilit;
Perqve qvi primos calores cordis indicat tremor,
Qvaeque iunctis est voluptas, qviqve divulsis dolor,
Omne per qvidqvid tulisti dulce tu mortalibus,
Qvod perenne si maneret, terra caelestis foret,
Huc adesse te precamur, vis amica pectori,
Spiritus potens amoris, Spiritus gaudi potens.
Cynthiae nitentis hora si tibi sacerruma est,
Nunc sacerrumo nitore splendet ipsa Cynthia.

K.

Idyl.

Come down, O maid, from yonder mountain height;
For Love is of the valley; come thou down,
And find him; by the happy threshold, he,
Or hand in hand with Plenty in the maize,
Or red with spirted purple of the vats,
Or fox-like in the vine; nor cares to walk
With Death and Morning on the silver horns;
Nor wilt thou snare him in the white ravine,
Nor find him dropt upon the firths of ice,
That huddling slant in furrow-cloven falls
To roll the torrent out of dusky doors.
But follow: let the torrent dance thee down
To find him in the valley; let the wild
Lean-headed eagles yelp alone, and leave
The monstrous ledges there to slope, and spill
Their thousand wreaths of dangling water-smoke,
That, like a broken purpose, waste in air:
So waste not thou, but come; for all the vales
Await thee; azure pillars of the hearth
Arise to thee; the children call; and I
Thy shepherd pipe, and sweet is every sound,—
Sweeter thy voice, but every sound is sweet:
Myriads of rivulets hurrying through the lawn,
The moan of doves in immemorial elms,
And murmuring of innumerable bees.

TENNYSON.

Sprache.

Warum kann der lebendige Geist dem Geist nicht erscheinen?
Spricht die Seele, so spricht, ach! die Seele nicht mehr.

SCHILLER.

Idyllium.

Λῆς, φίλα, ὧδ' ἐνθῆν, ἕδος ὤρεος αἰπὺ λιποῖσα;
χῶρον Ἔρως φιλέει θεὸς ἥμενον· ἔνθ' ἐπ' Ἔρωτα.
ὀλβίω ἦ μάλα τῆνον ἐπὶ προθύροιο τὺ λαψῇ,
ἢ 'ν σταχύεσσι καλᾷ συνεπισπόμενον μετ' Ὀπώρα·
ἔντι δ' ὅχ' ὡυτὸς ἐβαπτίσθη τρυγὶ πορφυροέσσᾳ,
ἔνθ' ὅκ' ἀλωάων κέεται μέσος ἠύτ' ἀλώπηξ·
ἀλλά οἱ οὐ κορυφαὶ κατὰ τὸν νόον ἀργικέρωτες
ἔνθ' ἀὼς νάρκαις μετ' ἀνιαραῖσι πολεῖται,
οὐδ' αὐλῶνι θεὸς θηράσιμος ἐν νιφόεντι,
οὐδὲ γυᾶν ἔπι κεκλιμένος χειμῶνι παγεισᾶν,
ταί τε φέροντι κάτω (φαίη κέ τις ἔργον ἀρότρω)
ἐκ δὲ καταχὲς ὕδωρ σκιερᾶν πέμποντι θυράων.
αἰετὸν οἷον ἔα λεπτόστομον ὠρύσασθαι,
ὑψόθε δ' αἴκα λῆς μετὰ νάματα ποσσὶ χορεῦσαι,
τὼς καταβᾶθι θεὸν διζήμενα· ἄγκεα πάντα
ἐλπίδ' ἔχοντι τεοῦς, βωστρεῖ τυ τὰ παιδία· καπνῶ
κίονες ὠράνιαι κατὰ πᾶν στέγος ἑστήκαντι·
χὠ σὸς ἐγὼ ποιμὰν τυρίσδω, πάντα τ' ἀείδει,
γλῶσσα μὲν ὦν κλήσδει σέθεν ἄδιον, ἀδὺ δὲ πάντα·
ἀδὺ κατειβομένοις κελαρύσδει νάμασι λειμών,
τρυγόνες ἀρχαίαισιν ἐπὶ πτελέαις στενάχοντι,
βομβεῦνται δ' ἀνὰ κᾶπον ἀνάριθμα φῦλα μελισσᾶν.

W. G. C.

Mens.

Qvaeris cur neqveat se mens ostendere menti?
   Qvod, qvom nos loqvimur, desinit illa loqvi.

K.

Let us love.

O wedding-guest! this soul hath been
    Alone on a wide, wide sea:
So lonely 'twas, that God himself
    Scarce seemed there to be.

Oh, sweeter than the marriage-feast,
    'Tis sweeter far to me,
To walk together to the kirk
    With a goodly company!

To walk together to the kirk,
    And all together pray;
While each to his great Father bends,
Old men and babes, and loving friends,
    And youths and maidens gay!

Farewell, farewell! but this I tell
    To thee, thou wedding-guest!
He prayeth well who loveth well
    Both man, and bird, and beast.

He prayeth best who loveth best
    All things, both great and small;
For the dear God who loveth us,
    He made and loveth all.

COLERIDGE.

Zeus zu Herkules.

Nicht aus meinem Nektar haſt du die Gottheit getrunken;
Deine Götterkraft war's, die dir den Nektar errang.

SCHILLER.

Amemus.

Mira loqvor, conviva; sed olim in marmore vasto
Solus eram mecum. Tam solo in marmore soli
Vix est visus ibi praesens Deus. Ergo hymenaei
Dulcius est festis, longe mihi dulcius, ire
Ad delubra Dei, magna comitante caterva;
Ire pias una ante aras unaqve precari,
Dum genua aeterno flectunt sua qvisqve Parenti
Longaeviqve senes iunctiqve in amore sodales,
Infantes pueriqve hilares hilaresqve puellae.
Jamqve vale; sed crede mihi, conviva, monenti.
Concipit hic pia vota, pio qvi pectore curat
Humanumqve genus volucresqve et secla ferarum:
Optuma vota facit, cui sunt carissuma qvotqvot
Hunc habitant, seu magna sient, seu tenvia, mundum.
Nam bonus ille Deus, qvi nos amat, omnia fecit,
Constantiqve eadem servat, qvae fecit, amore.

K.

Juppiter ad Herculem.

Non capis aetherio dias e nectare vires;
Aetherium nectar vis tibi dia dedit.

K.

The Beech-Tree's Petition.

Oh, leave this barren spot to me !
Spare, woodman, spare the beechen tree !
Though bush or flowret never grow
My dark unwarming shade below ;
Nor summer bud perfume the dew
Of rosy blush, or yellow hue ;
Nor fruits of autumn, blossom-born,
My green and glossy leaves adorn ;
Nor murmuring tribes from me derive
The ambrosial amber of the hive ;
Yet leave this barren spot for me :
Spare, woodman, spare the beechen tree !

Thrice twenty summers I have seen
The sky grow bright, the forest green ;
And many a wintry wind have stood
In bloomless, fruitless solitude,
Since childhood in my pleasant bower
First spent its sweet and sportive hour,
Since youthful lovers in my shade
Their vows of truth and rapture made ;
And on my trunk's surviving frame
Carved many a long-forgotten name.
Oh ! by the sighs of gentle sound,
First breathed upon this sacred ground ;
By all that Love has whisper'd here,
Or Beauty heard with ravish'd ear ;
As Love's own altar, honour me :
Spare, woodman, spare the beechen tree !

CAMPBELL.

Fagus.

Hos, precor, hos saltem steriles mihi linqve recessus;
    Laedere fagineas, rustice, parce comas.
Flore licet nunqvam tenerave adriserit herba
    Frigida qvae nostra fronde nigrescit humus;
Nec roseo ridens luxu croceive coloris
    Roscidus aestivo fragret odore calyx;
Si neqve sub foliis anno fugiente relictis
    Edita de tenero germine poma rubent,
Nec mea mellificae qvaerunt per brachia gentes
    Nectareas, cellis qvae cumulentur, opes:
Hos tamen, hos saltem steriles mihi linqve recessus;
    Laedere fagineas, rustice, parce comas.
Nunc ego centenos vidi inmutata per annos
    Sole nitere polum, fronde virere nemus;
Et toties, ventos qvom fundit bruma sonantes,
    Omni flore carens et sine honore fui,
Ex qvo prima mea lusit sub fronde iuventus,
    Struxit et innocuos multa puella choros;
Umbraqve coniunctos ex qvo mea texit amantes,
    Mutua qvi fido vota dedere sinu,
Et memori interdum trunco servanda notabant
    Nomina, qvae longo iam periere die.
O ego blanda precor per te suspiria et omnes,
    Conscia queis fuerunt haec loca sancta, sonos,
Vota per hic laetis toties audita puellis,
    Qvaeqve susurravit verba fidelis amor,
Me precor ut sanctam venerere Cupidinis aram;
    Laedere fagineas, rustice, parce comas.

E. G. H.

The Soldier Lover.

Tell me not, sweet, I am unkinde,
    That from the nunnerie
Of thy chaste breast and quiet minde
    To war and arms I flie.

True, a new mistresse now I chase,
    The first foe in the field;
And with a stronger faith embrace
    A sword, a horse, a shield.

Yet this inconstancy is such
    As you too shall adore:
I could not love thee, deare, so much,
    Loved I not honoure more.

LOVELACE.

The Pimpernel.

See'st thou yon pimpernel? An hour is past,
    And he was holding dalliance with the sun,
All bared his crimson pride: now closed, downcast,
    His blossoms seek their favourite skies to shun.
Young Edwin came, the warning change beheld,
    Then hurried to his hinds; and hark! I hear
His loaded wagons creaking from the field;
    For storms, he says, and angry hours, are near.
Oh! 'mid the flowers life's tortuous path that strew,
    Is there not one like this? E'en as I speak,
Thy bosom-friend's estranged look review,
    Remark his icy eye, his smileless cheek:
Adversity is nigh! Speed, counsel how
To soften as thou mayest th' inevitable blow.

R. W. E.

Miles amans.

Qvod fera tam castis mutare recessubus arma
  Cogimur, eqve tuo longius ire sinu,
Parce, precor, verbis nimium indulgere severis:
  Non adeo tuus est, lux mea, durus amans.

Etsi, acie primum qvemcumqve offendimus hostem,
  Est novus a nobis iste petendus amor,
Si clipeo potius, si basia iungimus ensi,
  Ardentiqve magis corde perimus eqvum;

Attamen et tibi se mea vita probaverit ipsi;
  Nec nihil haec levitas qvo capiaris habet;
Nam tu, crede mihi, non tam dilecta fuisses,
  Ni tibi decressem praeposuisse decus.

G. J. K.

————

Anagallis.

Istam tune vides anagallida? Non ita pridem
  Visa fuit medium solis amare iubar
Purpureo ridens fastu: nunc lumina claudit
  Tristia, nec dulcem spectat, ut ante, diem.
Adstabat monitumqve vigil perspexit Amyntas;
  Protenus agrestes convocat ipse manus.
Audin', iamiam abeunt agro stridentia plaustra:
  En, ait, Auster adest; en furit hora minis.—
Num flores inter, qvos pascit devia vita,
  Huic nullus simili conditione viget?
Dum loqvor, aversi vultum non cernis amici?
  Luce carent oculi, risubus ora carent.
Sors adversa venit: tu cessas? I fuge, tecum,
  Qvid ferat infaustis, consule, rebus opem.

K.

E

The Lake has burst.

The lake has burst! the lake has burst!
Down through the chasms the wild waves flee;
  They gallop along,
  With a roaring song,
Away to the eager awaiting sea!

Down through the valleys, and over the rocks,
And over the forests, the flood runs free;
  And wherever it dashes,
  The oaks and the ashes
Shrink, drop, and are borne to the hungry sea!

The cottage of reeds and the tower of stone,
Both shaken to ruin, at last agree;
  And the slave and his master,
  In one wide disaster,
Are hurried, like weeds, to the scornful sea!

The sea-beast he tosseth his foaming mane,
He bellows aloud to the misty sky;
  And the sleep-buried Thunder
  Awakens in wonder,
And the Lightning opens her piercing eye!

There is death above, there is death around,
There is death wherever the waters be;
  There is nothing now doing,
  Save terror and ruin,
In earth, and in air, and the stormy sea!

BARRY CORNWALL.

Lacus Eruptio.

Fugere ruptis obiicibus lacus
Fugere lymphae: per cava litorum
  Exsultim et inmissis habenis
    Agmine prono eqvitant liqvores,

Bacchantium cum murmure fluctuum,
Dudum vocantem visere Nerea.
  Per saxa depressasqve valles,
    Per siluas furit expedito

Humore torrens amnis: et inpetus
Tumultuantem qva tulit, ilices
  A stirpe convulsas et ornos
    Traxit ad oceanum voracem:

Regumqve turres tectaqve pauperum
Tandem ruinae conciliant pares;
  Fatoqve consortes eodem
    Cum famulis domini per unam

Stragem in superbos, ceu stipulae leves,
Volvuntur aestus.   Vorticibus furit
  Neptunus, et cristas comantes
    Fluctubus aeriasqve torqvens

Spumas opacum nubibus ad polum
Inmugit omnis: qvo fremitu Pater
  Erectus excusso sopore
    Fulminat et iaculatur ignes:

Supraqve circumqve exitium ingruit,
Qvocumqve cursum praecipitant aqvae;
  Tellusqve caelumqve et tremendas
    Ira maris glomerat ruinas.

                    T. S. E.

The Lea-Rig.

When o'er the hill the eastern star
  Tells bughtin'-time is near, my jo;
And owsen frae the furrow'd field
  Return sae dowf and weary, O!
Down by the burn, where scented birks
  Wi' dew are hangin' clear, my jo,
I'll meet thee on the lea-rig,
  My ain kind dearie, O!

In mirkest glen, at midnight hour
  I'd rove and ne'er be eerie, O!
If through that glen I gaed to thee,
  My ain kind dearie, O!
Although the night were ne'er sae wild,
  And I were ne'er sae weary, O!
I'd meet thee on the lea-rig,
  My ain kind dearie, O!

The hunter lo'es the mornin' sun,
  To rouse the mountain deer, my jo;
At noon the fisher seeks the glen,
  Alang the burn to steer, my jo.
Gi'e me the hour of gloamin' gray,
  It makes my heart sae cheerie, O!
To meet thee on the lea-rig,
  My ain kind dearie, O!

BURNS.

Nobody at Home.

You beat your pate, and fancy wit will come:
Knock as you will, there's nobody at home.

SWIFT.

Pratum.

Ubi clivo superato pecudes sidus eoum
Vocat ad mulctra coactas, et ab agris rediit bos
   Nimio lassus aratro;

Mea lux, conveniam te, Neobule, meus ignis,
Prope rivum et cava saltus, ubi odorata refulget
   Pluviis betula gemmis.

Neqve enim, si per opacae tenebrosissuma silvae
Media nocte vagarer, metus esset mihi dulcem
   Repetenti Neobulen:

Etiam si glomeraret rabiem nox, etiam si
Pede fesso titubarem, tamen adsueto ibi in agro
   Mea, me, lux, reperires.

Amat ortus redeuntes nemorosarum agitator
Caprearum; petit aestu medio flumen et umbras
   Sibi piscator amicas:

At ego vesperis horam tenebrosam celebrabo,
Mihi qvae langvidulum cor recreabit, mihi qvae te
   Revocabit, Neobule.

                  R. B.

Nemo Domi est.

Qvi cerebrum pulsas, venturaqve grandia credis
  Consilia, ah tandem desine: nemo domi est.

                  K.

The Stony Heart.

Whence comes my love, O hearte, disclose!
'Twas from her cheeks that shame the rose;
From lips that spoyle the rubie's prayse;
From eyes that mock the diamond's blaze.
Whence comes my woe, as freely owne:
Ah, me! 'twas from a heart lyke stone.

The blushyng cheek speakes modest mynde,
The lips befitting wordes most kynde;
The eye does tempte to love's desyre,
And seems to say, 'tis Cupid's fire:
Yet all so faire but speake my moane,
Syth noughte dothe saye the hearte of stone.

Why thus, my love, so kyndely speake
Sweet lyppe, sweet eye, sweet blushynge cheeke,
Yet not a hearte to save my paine?
O Venus! take thy giftes again;
Make not so faire to cause our moane,
Or make a hearte that's like our owne.

HARINGTON.

The Old Woman.

There was an old woman who had three sons,
    Jerry and James and John:
Jerry was hanged, James was drowned,
    John was lost and never was found;
And there was an end of her three sons,
    Jerry and James and John.

GAMMER GURTON.

Mens ferrea.

Fons et caussa mei, dic, mens mea, qvid sit amoris:
    Ille Neae roseo vernus in ore color;
Mollia curalii vincentia labra ruborem,
    Lumina crystalli splendidiora face.
Dic etiam tanti qvae sit mihi caussa doloris:
    Mens rigida saxis aemula duritie.
Illa pudicitiam monstrat rosa verna genarum;
    Aptaqve sunt teneris mollia verba labris:
Provocat ille oculi crystallinus ardor amorem;
    Ipse Cupidineo scilicet igne calet.
Sed mihi, qvidqvid ibi pulcri est, habet omne dolorem,
    Qvom taceat mentis saxea durities.
Cur mihi, cara, tui tam suave loqvuntur ocelli,
    Labraqve blanditiis plena, genaeqve rubor;
Nec tamen est in te nostri medicina doloris?
    Splendida proh nimium dona resume, Venus;
Materiamqve mei luctus vel tolle decorem,
    Vel cor, qvale meum est, da qvoqve tale Neae.

K.

Anus.

Vixit anus qvaedam, cui tres modo filii fuere,
    Martinus et Macrinus et Macerra.
Martinus periit turpi cruce, fluctubus Macrinus,
    Amissus est Macerra nec repertus.
Sic abolentur, anus qvi tres modo filii fuere,
    Martinus et Macrinus et Macerra.

K.

The Mariner.

Ye winds which sweep the grove's green tops,
  And kiss the mountains hoar,
Oh softly stir the ocean-waves
  That sleep along the shore;
For my love sails the fairest ship
  That wantons on the sea;
Oh bend his mast with pleasant gales,
  And waft him hame to me.

Oh leave nae mair the bonnie glen,
  Clear stream, and hawthorn grove,
Where first we walked in gloaming gray,
  And sighed and looked of love.
For faithless is the ocean-wave,
  And faithless is the wind;
Then leave nae mair my heart to break
  'Mang Scotland's hills behind.

ALLAN CUNNINGHAM.

To a Lady.

For me no roseate garlands twine,
  But wear them, dearest, in my stead;
Time hath a whiter hand than thine,
  And lays it on my head.

Enough to know thy place on earth
  Is there where roses latest die;
To know, the steps of youth and mirth
  Are thine, that pass me by.

H. TAYLOR.

Navita.

Venti qvi nemorum culmina verritis
Canentiqve iugo figitis oscula,
    Undis parcite longum
        Per litus recubantibus.

Sponsus noster enim dirigit huc ratem,
Qva non ulla fretis pulcrior insilit
    Afris: O bonus adflet
        Ad notum Zephyrus sinum.

Tu vallem patriam, tu vitreum cole
Fontem et dulce nemus, sero ubi vespere
    Suspiravimus una
        Et vultu dedimus fidem:

Saxis neve tuo sub Caledoniis
Me desiderio neglige inemori,
    Fallacisqve Favoni
        Fallacisqve maris sciens.

                   W. G. C.

Ad Virginem.

Parce mihi, virgo, roseas properare corollas,
    Munera qvae fronti sint magis apta tuae.
Aetatemne vides caput hoc contingere? Palma
    Vel tua prae tali candida palma minus.

Sat mihi, terrarum qvacumque habitaveris ora,
    Parcat hiems serae serior ipsa rosae;
Qvomqve iocus praeter me fugerit atque iuventas,
    Agnoscam gressus, sat mihi, signa tui.

                   W. G. C.

F

The Fond Lover.

Why so pale and wan, fond lover?
　Prithee, why so pale?
Will, when looking well can't move her,
　Looking ill prevail?
　Prithee, why so pale?

Why so dull and mute, young sinner?
　Prithee, why so mute?
Will, when speaking well can't win her,
　Saying nothing do't?
　Prithee, why so mute?

Quit, quit for shame; this will not move,
　This cannot take her:
If of herself she will not love,
　Nothing can make her.
　Let who will take her!

　　　　　　　　　　　SUCKLING.

In a Churchyard at Elgin.

Life is a city with many a street;
Death is the market where all men meet:
If Life were a thing which gold could buy,
The poor could not live, and the rich would not die.

Desipiens Amator.

Τί χλωρὸς ὧδ᾽, ἐραστά,
τί δ᾽ ὠχριῶν ἀλύεις ;
ὅς γ᾽ οὔ τι τήνδ᾽ ἔκαμπτες
κάλλιστος ὢν ἁπάντων,
πῶς αἰσχρὸς ὢν κρατήσεις ;
τί μοι, τί ταῦτ᾽ ἀλύεις ;

τί κωφὸς ὧδ᾽, ἄμουσε,
μελαγχολῶν τ᾽ ἀλύεις ;
ὅς γ᾽ οὔ τι τήνδ᾽ ἔπειθες
λέγων ἄριστα πάντων,
πῶς σῖγ᾽ ἔχων δυνήσῃ ;
τί δή, τί ταῦτ᾽ ἀλύεις ;

παῦσαι τοιαῦτ᾽ ἀλύων·
οὐχ ὧδ᾽ ἕλοις ἂν αὐτήν.
εἰ μὴ θέλει τὸ πρῶτον
ἐρᾶν ἑκοῦσ᾽ ἑκόντος,
οὐδ᾽, ἤν τι δρᾷς, θελήσει.
μέθες, μέθες μιν ἔρρειν.

K.

Ἐπιτάφιον.

Ἡ πόλις ἔσθ᾽ ὁ βίος, πύκα δὲ λαύρῃσι κέκασται,
ἐν δ᾽ ἀγορὴ θάνατος πᾶσι βροτοῖσι μία.
εἰ δ᾽ ἦν ὠνητὸν χρυσῷ βίος, οὐ πολυχρύσῳ
λειπτέος, οὐ πτωχῷ φωτὶ βιωτὸς ἂν ἦν.

J. R.

Far o'er the Sea.

Where are the vintage-songs
  Wandering in glee?
Where dance the peasant-bands
  Joyous and free?
Under a kind blue sky
Where doth my birth-place lie?—
  Far o'er the sea.

Where floats the myrtle-scent
  O'er vale and lea,
When evening calls the dove
  Homewards to flee?
Where doth the orange gleam
Soft on my native stream?—
  Far o'er the sea.

Where are sweet eyes of love
  Watching for me,
Where o'er the cabin-roof
  Waves the green tree?
Where speaks the vesper-chime
Still of a holy time?—
  Far o'er the sea.

Dance on, ye vintage-bands,
  Fearless and free;
Still fresh and greenly wave
  My father's tree;

Solo in litore secum.

O ubi, qvos celebrat felix vindemia, cantus,
    Qvi per agros laeti perqve vagantur aqvas?
O ubi ruricolae gaudent titubare choreis,
    Libertatis amans laetitiaeqve cohors?
Caeruleisqve almae radiantia risubus aurae
    O ubi nativae stant mihi tecta domus?
Ah nimis illa mihi spatiis distantia longis
    Invidet inmensum dissociatqve fretum.

O ubi melliflui myrti labuntur odores,
    Perqve cavas valles prataqve laeta ruunt;
Vesper ubi revocat, Phoebo fugiente, palumbem,
    Et monet arboreum rursus adire larem?
O ubi natalem tingentia suaviter undam
    Frondibus in propriis aurea poma nitent?
Ah nimis illa mihi spatiis distantia longis
    Invidet inmensum dissociatque fretum.

O ubi langventes oculi defessaqve longis
    Me desideriis pectora cara manent,
Qva super exigvis adoperta mapalia tectis
    Suscitat iliceas mobilis aura comas?
Hesperiasqve sonans longo campana per auras
    Murmure adhuc sacrum tempus adesse monet?
Ah nimis illa mihi spatiis distantia longis
    Invidet inmensum dissociatque fretum.

Ducere ne cesset laetum vindemia ludum:
    Nectite paganos, libera turba, choros.
Undet adhuc felix redivivis frondibus arbor,
    Qvam genitor curat, qvam vocat usqve suam.

Still smile, ye kind blue skies,
Though your son pines and dies —
    Far o'er the sea!

Mrs. Hemans.

The Braes of Yarrow.

O Yarrow fields, may never rain
    Nor dew thy tender blossoms cover,
For there was basely slain my luve,
    My luve, as he'd not been a lover.

Much I rejoyced that waefu' day;
    I sang, my voice the woods returning:
But lang ere night the spear was flown
    That slew my luve, and left me mourning.

Yet, oh, prepare the bed of luve,
    With bridal sheets my body cover;
Unbar, ye bridal maids, the door,
    Let in the expected husband-lover.

But who the expected husband is?
    His hands, methinks, are bathed in slaughter:
Ah me! what ghastly spectre's yon
    Comes in his pale shroud, bleeding after?

Pale as he is, here lay him down;
    Oh lay his cold head on my pillow;
Take aff, take aff these bridal weids,
    And crown my careful head with willow.

Hamilton.

Indue caeruleos, aether nitidissime, risus,
 Et sit adhuc vultu, qvo fuit ante, polus ;
Vester ego qvamvis vestrae dulcedinis exsors
 Conqveror obiectis inmoriorque fretis.

F. M.

Exspectatus Amans.

Hos precor infaustos nunqvam cadat imber in agros,
 Nec teneros flores roscidus humor alat:
Namqve amor indigna meus est hic morte peremtus,
 Hic cecidit, tanqvam non meus esset amor.

Ut male sum laetata, die properante sinistro!
 Ut cecini, numeris adsonuitqve nemus!
Sed nox multum aberat, puerumqve volatilis hasta
 Straverat; et luctu mersa relinqvor ego.

Ast agite, O comites, genialem sternite lectum;
 Membra maritalem sindona rite premant.
Festinate fores thalami reserare, puellae;
 Exspectatus adest, ingrediatur amans.

Qvis tamen est hic sponsus, hic exspectatus amator?
 Fallor an effusa dextera caede madet?
Qvae simul exsangvi iuxta venit umbra figura?
 Palla humeris nivea est, ater in ore cruor.

Palleat ah qvamvis, huc vos deponite corpus;
 Sustineam collo frigida colla meo:
Meqve meo simul ornatu spoliate iugali;
 Laeta parum frons est; hanc tegat apta salix.

H. A. J. M.

The Sleep of the Brave.

How sleep the brave, who sink to rest
By all their country's wishes blest?
When Spring, with dewy fingers cold,
Returns to deck their hallow'd mould,
She there shall dress a sweeter sod
Than Fancy's feet have ever trod.

By fairy hands their knell is rung;
By forms unseen their dirge is sung;
There Honour comes, a pilgrim gray,
To bless the turf that wraps their clay;
And Freedom shall awhile repair,
To dwell a weeping hermit there.

COLLINS.

Epitaph on the Countess of Pembroke.

Underneath this marble hearse
Lies the subject of all verse;
Sidney's sister, Pembroke's mother:
Death, ere thou hast slain another
Fair, and good, and wise as she,
Time shall throw a dart at thee!

BEN JONSON.

Heroes sepulti.

Qvalis fortibus est sopor,
   Compostos reqvie qvos prece patria et
Votis proseqvitur bonis?
   Ver udum gelidis sicubi roribus

Heroum redeuns sacros
   Ornabit tumulos, floribus induet
Primis qvale fragrantius
   Nusqvam Musa vagans adtigerit solum.

Illos, funereum decus,
   Divina celebrat pulsa manu chelys;
Illis aerii chori
   Decantata sonat naenia vocibus:

Illic pullus adest Honor
   Exstructum venerans advena caespitem;
Libertasqve piis humum
   Sacrabit lacrumis, flebilis incola.

                                K.

Epitaphium Comitissae Pembrochianae.

Hic sub marmoreo iacet feretro
Qvae cunctis celebratur una Musis,
Pembrochi genetrix, soror Philippi.
Ah Mors, non prius alteram necabis
Cultam æqve nitidamqve amabilemqve,
Aetas qvam tibi torserit sagittam.

                                W. G. C.

The Fortunate Land.

Know'st thou the land, where hangs the citron-flower,
Where gleams the golden orange in the bower,
Where gentle zephyrs in the blue sky play,
And myrtles creep beneath the towering bay?
       Know'st thou indeed?
       Oh there, oh there
Would I with thee, my best-beloved, speed.

Know'st thou the house, that rests on columns tall,
Its gay saloon, its glitt'ring banquet-hall,
Where marble statues stand and gaze on me :—
What have they done, thou hapless child, to thee?
       Know'st thou indeed?
       Oh there, oh there
Would I with thee, my own kind guardian, speed.

Know'st thou the mount, and its cloud-crested steep,
Where poring mules the misty pathway keep;
In caves the dragon hides her ancient brood;
Down leaps the rock, and over it the flood?
       Know'st thou indeed?
       Oh there, oh there
Our journey tends; my father, let us speed.

               K. (*from* GOETHE.)

Mignonae Cantilena.

An nota tellus est tibi, qva citri
Florent, et atras aurea per comas
   Dant mala fulgorem, polumqve
     Caeruleum Zephyrus serenat,

Myrtusqve lauri brachia suspicit?
An nota tellus haec tibi?   Qvid procul
   Moramur?   Illuc itur: illuc
     Tecum aveo, mea vita, tolli.

Aedesne notae sunt tibi, porticus
Altae columnis, atria fulgida,
   Qva stantqve defixae benignoqve
     Intuitu statuae loqvuntur:

Heu tristis infans, qvid tibi contigit?
Istaene notae sunt tibi?   Qvid diu
   Moramur?   Illuc itur: illuc
     Tecum aveo tua cura tolli.

Notumne montis nubiferum caput,
Mulo petitum per nebulas iter,
   Qva sub cavernosis latebris
     Progenies habitat draconum,

Fractisqve torrens praecipitat iugis?
Notusne mons est hic tibi?   Sic adhuc
   Moramur?   Illuc imus: illuc
     Qvid prohibet, pater alme, tolli?

                         R.

Talbot.

My thoughts are like a potter's wheel;
I know not where I am, or what I do.
A witch, by fear not force, like Hannibal,
Drives back our troops, and conquers as she lists:
So bees with smoke, and doves with noisome stench,
Are from their hives and houses driven away.
They call'd us, from our fierceness, English dogs;
Now, like to whelps, we crying run away.
Hark, countrymen! either renew the fight,
Or tear the lions out of England's coat;
Renounce your soil, give sheep in lions' stead:
Sheep run not half so timorous from the wolf,
Or horse or oxen from the leopard,
As you fly from your oft-subdued slaves.

SHAKSPEARE.

The Grave.

There is a calm for those who weep,
A rest for weary pilgrims found;
They softly lie and sweetly sleep
  Low in the ground.

The storm that wrecks the winter sky
No more disturbs their deep repose,
Than summer evening's latest sigh
  That shuts the rose.

J. MONTGOMERY.

Mens fluctuat aestu.

Mens mea, ceu figuli currens rota, volvitur orbe;
Nescio nec qvid agam, nec qveis regionibus errem.
Femina saga metu, non vi, velut Hannibal, arma
Nostra retorqvet agens, victriciaqve agmina ducit.
Qvalis apes vapor admotus qvalisve columbas
Teter odor turrim aut alvearia propulit extra.
Olli nonne canes nos iam dixere Britannos
Propter atrocem animum?   Patulo exululantibus ore
Nunc catulis similes discurrimus aeqvore toto.
Hoc agite, O socii: aut aciem instaurate refractam,
Aut signis picta ora leonum exscindite nostris:
Exuite ingenium patriamqve; locoqve leonum
Inbelles ovium in vexilla retexite formas.
Non ita grex ovium modo visum fugit anhelans
Valle lupum, non sic eqvus aut bovis ungula pardum,
Ut Gallo toties victo vos terga dedistis.

T. S. E.

Tumuli Qvies.

Alma flentibus est qvies;
Fessos hospitium manet;
Suaviter recubant, leves
   Hauriuntqve sopores.

Brumae compositos humo
Turbo non magis excitat
Qvam suspiria qvae rosam
   Verna vespere claudunt.

K.

To Ellen.

Though time has not wreathed
  My temples with snow,
Though age hath not breathed
  A spell o'er my brow;
Yet care's wither'd fingers
  Press on me with pain;
The fleeting pulse lingers,
  And lingers in vain.

The eyes which behold thee,
  Their brightness is flown;
The arms which enfold thee,
  Enfeebled are grown;
And friendship hath left me,
  By fortune estranged;
All, all is bereft me,
  For thou too art changed.

Yes, dark ills have clouded
  The dawning in tears;
Adversity shrouded
  My ripening years;
Life's path, wild and dreary,
  Draws nigh to its close;
Heart-broken and weary,
  I sigh for repose.

The world shall caress thee,
  When I cease to be;
And suns rise to bless thee,
  Which smile not for me;

Jamqve Vale.

Aetas si nivibus mihi
Nondum tempora vestiit,
Nec rugas arat in mea
   Fronte dura senectus:
At me cura nigro terit
Dente; vita tremit, labat,
Et moratur adhuc, neqve
   Profutura moratur.

Qvi te nunc oculi vident
Claritate vacant sua,
Qvaeqve brachia te premunt
   Manca viribus arent;
Et sodalitium vetus
Siccos deseruit cados;
Tuqve iam fugiens rapis
   Omnia, omnia tecum.

Ortam luce hilari diem
Fletu sors mala polluit,
Et procella virilibus
   Incidit gravis annis:
Sed prope est mihi terminus
Tristis et dubiae viae:
Lassa, debilis incipit
   Mens avere qvietem.

Tu placebis adhuc, mea
Qvom mors lumina clauserit;
Tu beabere solibus
   Non mihi redituris.

And hearts shall adore thee,
    And bend at thy shrine;
But none bow before thee
    So truly as mine.

SOUTHEY.

Jephtha's Daughter.

Since our country, our God, O my sire,
Demand that thy daughter expire;
Since thy triumph was bought by thy vow,—
Strike the bosom that's bared for thee now!

And the voice of my mourning is o'er,
And the mountains behold me no more:
If the hand that I love lay me low,
There cannot be pain in the blow!

And of this, O my father, be sure,—
That the blood of thy child is as pure
As the blessing I beg ere it flow,
And the last thought that soothes me below.

When the virgins of Salem lament,
Be the judge and the hero unbent!
I have won the great battle for thee,
And my father and country are free!

When this blood of thy giving hath gush'd,
When the voice that thou lovest is hush'd,
Let my memory still be thy pride,
And forget not I smiled as I died!

BYRON.

Mile te prece pectora
Submissoqve colant genu,
Nemo qvanto ego, nemo te
Proseqvetur amore.

K.

Jephthae Filia.

Qvom patria, O genitor, qvom postulet ipse Jehova
    Tingat ut Isacios nata cruore focos;
Qvom fuerit clari votum tibi caussa triumphi,
    Percute nudatum iam, pater, ense sinum.
Tristis io nostrae vox est finita qverelae;
    Vos patrii tandem saxa valete soli.
Si mihi cara feret generosam dextera mortem,
    Qvid nimii vulnus tale doloris habet?
Hoc tibi pro certo stet in ima mente repostum:
    Qvod mihi tam purus corpore sangvis inest,
Qvam mens, in leto qvae me solatur, et istae
    Qvas loqvor extremas iam moritura preces.
Ergo alii pro me lugubria carmina fundant,
    Carmina virgineis ingeminanda choris:
Tu, pater, immotus iudex herosqve maneto;
    Non ego sum lacrumis dedecoranda tuis,
Per qvam clara tuas ornat victoria turmas,
    Frangit et indignum terra paterna iugum.
Qvom vitam abstuleris, qvam tu, pater, ipse dedisti,
    Et mea sub gelida lingva tacebit humo;
Tunc, cedo, cum fastu nostrum reminiscere fatum,
    Dicar et interitu laeta fuisse meo.

G. J. K.

H

Matrimonial Jars.

W. Husband, husband, cease your strife,
  Nor longer idly rave, sir;
 Though I am your wedded wife,
  I am not your slave, sir.

H. One of two must still obey,
  Nancy, Nancy;
 Is it man or woman? say,
  My spouse Nancy.

W. If 'tis still the lordly word,
  Service and obedience,
 I'll desert my sovereign lord;
  And so good by'e, allegiance.

H. Sad will I be so bereft,
  Nancy, Nancy;
 Yet I'll try to make a shift,
  My spouse Nancy.

W. My poor heart then break it must,
  My last hour I'm near it;
 When you lay me in the dust,
  Think how you will bear it.

H. I will hope and trust in heaven,
  Nancy, Nancy;
 Strength to bear it will be given,
  My spouse Nancy.

W. Well, sir, from the silent dead
  Still I'll try to daunt you;

Uxor et Maritus.

U. Vir, vir, desine litium,
    Neu permitte vagis frena furoribus;
Nuptum me tibi comparem,
    Non qvae serva forem, lex, puto, tradidit.

M. Unus pareat alteri
    De binis opus est, Nannia, Nannia:
Virne an femina debeat
    Responde, mea lux, rectius obseqvi.

U. Narras obseqvium mihi,
    Pareriqve tibi, ceu domino, iubes?
Saevae castra potentiae
    Linqvo; tuqve adeo, servitium, vale.

M. Tali coniugio carens
    Perqvam maestus ero, Nannia, Nannia;
Sed qvod corrigere est nefas
    (Scis, uxor) levius fit patientia.

U. Heu cor dissiliet malis;
    Extremiqve dies funeris ingruit:
Qvom me tradideris humo,
    Qvi tum, dure silex, sensus erit tibi?

M. Qvidni caelituos opem
    Poscam suppliciter, Nannia, Nannia?
Sic, spero, dabitur mihi
    Mens sortisqve capax et tolerans mali.

U. At tum terror ero tibi
    In lucem e tacitis reddita manibus:

Ever round your midnight bed
    Horrid sprites shall haunt you.

H. I'll wed another, like my dear,
    Nancy, Nancy;
    Then all hell will fly for fear,
    My spouse Nancy.

BURNS.

To Phyllis.

Phyllis, why should we delay
Pleasures shorter than the day?
Could we (which we never can)
Stretch our lives beyond their span,
Beauty like a shadow flies,
And our youth before us dies:
Or, would youth and beauty stay,
Love hath wings, and will away.
Love hath swifter wings than Time;
Change in Love to heav'n does climb;
Gods, that never change their state,
Vary oft their love and hate.
    Phyllis! to this truth we owe
All the love betwixt us two.
Let not you and I inquire
What has been our past desire;
On what shepherd you have smiled,
Or what nymphs I have beguiled:
Leave it to the planets too
What we shall hereafter do:
For the joys we now may prove,
Take advice of present love.

WALLER.

At coetus lemurum tuis
    Nocturnus thalamis insidiabitur.

M. Nobis altera nupserit
    Instar sponsa tui, Nannia, Nannia;
  Sic diro lemurum metu
    Cum totis fugient agmina Tartaris.

                                K.

Carpe Diem.

Qvid, mea Phylli, iuvat longos differre per annos
  Gaudia praecipiti vel breviora die?
Si licuisset enim vitam, qvod fata negarunt,
  Ultra concessas ducere sorte colos,
Forma tamen veluti tenues fugit umbra per auras,
  Et citius qvam nos laeta iuventa perit.
Si iuvenile decus, gracilis si forma maneret,
  At celeri penna transfugit actus Amor.
Ocior hic rapidas movet ipso Tempore plumas;
  Mutat Amor caeli regna per alta vices;
Et, cui nil aliud varium et mutabile, saepe
  Motubus alternis odit amatqve deus.
Hinc, mea Phylli, oritur, si vis mihi credere, nostra
  Pectora iucundi qvidqvid amoris habent.
Nobis scire nefas, nec iam, mea vita, rogemus,
  Qvi mihi versarit, qvi tibi pectus amor:
Qvem modo fallaci tu spe lactaris amantem,
  Qvae fuerit verbis capta puella meis,
Astra satis norunt; astris permitte, qvid ipsa
  Mox facias, et quae sint facienda mihi.
Tempora qvid laeti nobis praesentia donent
  Sit tibi nunc monitor, sit mihi, solus amor.

                                E. M. C.

The Lee-Shore.

Sleet, and hail, and thunder!
  And ye winds that rave,
Till the sands thereunder
  Tinge the sullen wave;

Winds, that like a demon,
  Howl with horrid note
Round the toiling seaman
  In his tossing boat!

From his humble dwelling
  On the shingly shore,
Where the billows swelling
  Keep such hollow roar;—

From that weeping woman,
  Seeking with her cries
Succour superhuman
  From the frowning skies;—

From the urchin pining
  For his father's knee;—
From the lattice shining,
  Drive him out to sea!

Let broad leagues dissever
  Him from yonder foam.
O God! to think man ever
  Comes too near his home!

HOOD.

Litus periculosum.

Grandines imbresqve Iovisqve fulmen,
Instar et diri Boreas gigantis,
Ima qvo bacchante truces arena
    Miscuit undas,

Qvi laborantem fragili carina
Navitam circumgemis, hunc procul vos
Pellite a saxis qvibus intumescens
    Obstrepit unda;

Qva, boni tutela laris, marinis
Adcubat spumis casa, qva minaces
Pro viro divos miseris fatigat
    Planctubus uxor,

Qva puer multum lacrumans amata
Poscit absentis genua; ab fenestra,
Qvae procul nota rutilat lucerna,
    Trudite in altum.

Longus hunc inter scopulosqve iniqvos
Saeviat pontus: tibi vae miselle,
Qvem vel aversi tueantur arce-
    antqve penates!

                W. G. C.

Telle est la Vie.

Seest thou yon bark? It left our bay
This morn on its adventurous way,
    All glad and gaily bright;
And many a gale its impulse gave,
And many a gently-heaving wave
    Nigh bore it out of sight.
But soon that glorious course was lost,
    And treacherous was the deep;
Ne'er thought they there was peril most
    When tempest seemed asleep.
            Telle est la vie!

That flower, that fairest flower that grew,
Aye cherished by the evening dew,
    And cheered by opening day;
That flower, which I had spared to cull,
Because it was so beautiful,
    And shone so fresh and gay;
Had all unseen a deathly shoot,
    The germ of future sorrow;
And there was canker at its root,
    That nipped it ere the morrow.
            Telle est la vie!

I've watched from yonder mountain's height
The waxing and the waning light,
    The world far, far below;
I've heard the thunder long and loud,
I've seen the sunshine and the cloud,
    The tempest and the bow;

Caecae Lubrica Vitae.

En ratis ista iacet, nostris qvae nuper ab oris
 Vela dedit celeri per mare laeta via,
Et faciles secuit zephyris adflantibus undas,
 Gaudia non ullo solicitante metu.
At cito defecit cursu ratis ista superbo,
 Scilicet aeqvoreis victima capta dolis;
Ibat enim dubio nimborum credula somno,
 Nescia, dormiret dum maris ira, mali.
Talis et haec vita est, vario qvae iactat in aestu
 Nos homines, istam ceu levis unda ratem.
Flosculus ille mihi qvem molli rore fovebat
 Occiduus pariter vesper et orta dies,
Qvem modo nolueram patria decerpere terra,
 Talis erat formae gratia, tale decus;
Ille, nefas, intus sibimet funesta fovebat
 Germina, venturis insidiosa malis,
Radicesque fero teneras vitiante veneno,
 Praefestinata morte iacebat humi.
Talis et haec vita est, qvae, flos velut iste tenellus,
 ' Mane viget, marcet vespere, nocte perit.'
Vidi ego dissimiles casus ortusqve diei,
 Qva face sol intret, qva face linqvat aqvas;
Vidi ego mile oculis urbes subiectaqve rura
 Eminus, aerii celsus in arce iugi;
Vidi ego densa brevi subcedere nubila luci,
 Fulguraque adtonito prosiluisse polo,
Qvom modo sol imbrem, solem modo depulit imber,
 Sceptraqve per varias gessit uterqve vices:

Now 'twas all sunshine glad and bright,
And now the storm was raging;
Methought I read in that frail light
And storm a warfare raging,
Telle est la vie!

HOWITT.

Heidenröslein.

Sah ein Knab' ein Röslein stehn,
Röslein auf der Heiden,
War so jung und morgenschön,
Lief er schnell es nah zu sehn,
Sah's mit vielen Freuden.
Röslein, Röslein, Röslein roth,
Röslein auf der Heiden.

Knabe sprach: Ich breche dich,
Röslein auf der Heiden!
Röslein sprach: Ich steche dich,
Daß du ewig denkst an mich,
Und ich will's nicht leiden.
Röslein, Röslein, Röslein roth,
Röslein auf der Heiden.

Und der wilde Knabe brach
's Röslein auf der Heiden;
Röslein wehrte sich und stach,
Half ihr doch kein Weh und Ach,
Mußt' es eben leiden.
Röslein, Röslein, Röslein roth,
Röslein auf der Heiden.

GOETHE.

At luctata tamen fragili cum luce procella
  Litibus in mediis sic mihi visa loqvi:
Vita virum tales inter iactata tumultus
  Fluctuat: impendens qvid ferat hora, latet.

G. B.

Puer et Rosa.

Terminos extra puerum vagantem
Perculit florens rosa: risit aer,
Et puer risit, teneriqve floris
      Arsit amore.
  Rosa tenella, gemma amata,
  Rosa propinqva sepe nata.

Te tuo vellam, rosa pulcra, ramo,
Clamat. Audaces, ait illa, palmas
Abstine, spinis lacerande nostris
      Invide praedo.
  Rosa tenella, gemma amata,
  Rosa propinqva sepe nata.

Ille nil instat metuens pericli;
Illa luctatur gemituqve vano
Plorat infelix; ope destitutam
      Subsecat hostis.
  Rosa misella, gemma amata,
  Rosa maligna luce nata.

K.

To the Nightingale.

O Nightingale, that on yon bloomy spray
  Warblest at eve, when all the woods are still,
  Thou with fresh hope the lover's heart dost fill,
While the jolly Hours lead on propitious May.
Thy liquid notes, that close the eye of day,
  First heard before the shallow cuckoo's bill,
  Portend success in love; oh, if Jove's will
Have link'd that amorous power to thy soft lay,
  Now timely sing, ere the rude bird of hate
Foretell my hopeless doom, in some grove nigh;
  As thou, from year to year, hast sung too late
For my relief, yet hadst no reason why:
  Whether the Muse or Love call thee his mate,
Both them I serve, and of their train am I.

MILTON.

Am Flusse.

Verflieſſet, vielgeliebte Lieder,
Zum Meere der Vergeſſenheit!
Kein Knabe ſingt entzückt euch wieder,
Kein Mädchen in der Blüthenzeit.

Ihr ſanget nur von meiner Lieben;
Nun ſpricht ſie meiner Treue Hohn.
Ihr wart in's Waſſer eingeſchrieben;
So fließt denn auch mit ihm davon.

GOETHE.

Ad Philomelam.

Ἀηδὸν ἐν θαλλοῖσιν εὐφύλλοις λιγὺ
μέλπουσα, πᾶν ὅθ' ἕσπερος κοιμᾷ νάπος,
ἢ τοῖς ἐρῶσιν ἐλπίδ' ἐμβάλλεις νέαν,
ὡς προσπολουσῶν εὐφιλῆ θέρους πόδα
Ὡρῶν φαεινῶν· σὸν γὰρ εὔμουσον μέλος,
ὑφ' οὗ ξυνάπτει βλέφαρον ἡμέρας ὕπνος,
κόκκυγος ἄφρον ἢν πάρος φθάσῃ φανὲν
στόμ', αἰσίους ἔρωτος ἐξαυδᾷ τύχας·
πρός σ', εἰ χάριν τήνδ' ἐκ Διὸς θελκτηρίαν
ἡδεῖ' ἔχει σου γῆρυς, ἀλλὰ νῦν καλῶ
εἰς καιρὸν ᾆσαι, πρίν με τὴν ἀναρσίαν
ὄρνιν δύσορνιν, θάμνον ἵζουσαν πέλας,
ἀνέλπιδι ζυγέντα σημῆναι μόρῳ.
πάλαι γὰρ ᾄδουσ' ἀλλ' ἀεί ποθ' ὑστέρα
πολλαῖς διαδοχαῖς οὐδὲν ὠφελεῖς ἐτῶν.
καίτοι δίκην τίν' εἶχες; εἴτε γάρ σ' Ἔρως
εἴτ' οὖν ἑταίραν Μοῦσα κικλήσκειν φιλεῖ,
κείνοιν ὁμιλῶ δοῦλος ὢν ἀμφοῖν ἐγώ.

J. R.

Versus relegati.

Vos, mihi tam cari qvondam, nunc qvaerite, versus,
    Obliviosa marmora:
Non iterum pueri laeto vos pectore cantent,
    Nec vere virgines novo.

Nil aliud praeter nostrum celebrastis amorem;
    Nunc risui iste vertitur;
Sic, ut aqva scripti paucas durastis in horas,
    Abite nunc, qvo fert aqva.

K.

Done into English by Will Shakspeare.

Gentles, perchance you wonder at this show;
   But wonder on, till truth makes all things plain.
This man is Pyramus, if you would know;
   This beauteous lady Thisby is, certain.
This man, with lime and roughcast, doth present
   Wall,—that vile wall that did these lovers sunder.
And through wall's chink, poor souls, they are content
   To whisper; at the which let no man wonder.
This man, with lantern, dog, and bush of thorn,
   Presenteth moonshine; for, if you will know,
By moonshine did these lovers think no scorn
   To meet at Ninus' tomb, there, there to woo.
This grisly beast, which by name lion hight,
The trusty Thisby, coming first by night,
Did scare away, or rather did affright.
And as she fled, her mantle she did fall;
   Which lion vile with bloody mouth did stain:
Anon comes Pyramus, sweet youth and tall,
   And finds his trusty Thisby's mantle slain.
Whereat with blade, with bloody blameful blade,
   He bravely broached his boiling bloody breast;
And, Thisby tarrying in mulberry shade,
   His dagger drew, and died.   For all the rest,
Let lion, moonshine, wall, and lovers twain,
At large discourse, while here they do remain.

Pyramus.

Sweet Moon, I thank thee for thy sunny beams;
   I thank thee, Moon, for shining now so bright:

Ἐκ τῆς ἐλεεινοτάτης κωμῳδίας, ἐν ᾗ Πυραμοῦ καὶ Θίσ-
βης οἰκτρότατα παθήματα διηγεῖται ὁ ποιητής.

Παράβασις.

Ὦ θεώμενοι, τάχ' ἴσως θαυμάσεσθε τὴν θέαν.
ἀλλ' ἔτ', ἔστ' ἂν πάντα φράσῃ τἀληθές, θαυμάζετε.
ἄνδρα τόνδε Πυραμὸν ὄντ' ἴστ', ἢν βούλησθ' εἰδέναι,
Θίσβη γὰρ παῖς καλλιπρόσωπος δήλη 'στ' ἐκεινηΐ.
ἀνὴρ δ' οὔμπλεως χάλικος καὶ πηλοῦ μιμήσεται
τεῖχος τοὐπίτριπτον, ἐραστὰ διεῖργον τὼ δύο.
τώδε γὰρ τείχους δι' ὀπῆς ἀσμένως τρισαθλίω
νῦν πρὸς ἀλλήλω ψιθυρίζουσ'· ἃ μηδεὶς θαυμάσῃ.
ἄνδρα κεῖνον δ', ὃς κύν' ἱπνόν τ' ἔχει κἀκάνθης βάτον,
σελήνης πρόσωπον ὁρᾶθ'· ἢν γὰρ βούλησθ' εἰδέναι,
τώδ' οὐκ αἰσχύνεσθον ἐραστὰ Σεληναίας σέλας
εἰς Νίνου τύμβον προαπαντῶντε καὶ παίζοντ' ἐκεῖ.
θηρίον τόδ' αὖ χαροπόν, λέονθ' ὃν κικλήσκομεν,
Θίσβην πιστήν· ἐρχομένη δ' ἡ παῖς νυκτὸς ἔφθασεν·
ἐξέπληξ' εἶτ' οὖν ἐφόβησ'· ὧδε γὰρ τρανῶς ἐρῶ.
φεύγουσαν δὲ θοἰμάτιον λανθάνει πίπτον χαμαί,
χὠ λέων γνάθοις ἀκάθαρτος χραίνει μιαιφόνοις.
κἂν τῷδ' ἡδὺς ὑψικόμας μειρακίσκος προσμολὼν
κτάμενον εὗρε θοἰμάτιον Θίσβης πιστῆς Πυραμός.
φασγάνῳ δὲ τῷ φοβερῷ τῷ φονῶντι φασγάνῳ
φλᾷ φλογωπὸν φοιταλέος φοινίαν φίλην φρένα.
εἶτα, Θίσβη γὰρ παρέμεινεν μόρου σκιᾶς ὕπο,
ἔγχος εἵλκυσ', εἶτ' ἔθανεν. τἄλλα δ' οὖν πάνθ' ὡς ἔχει,
ἡ σελήνη, τὼ δύ' ἐραστά, τὸ τεῖχος, χὠ λέων,
οἵδ' ἀφηγείσθων τάδ', ἕως ἐνθαδὶ μένουσ' ἔτι.

Ἐκ τῆς αὐτῆς κωμῳδίας λείψανον.

Π. Δῖα Σελήνη, σὲ δὲ μαρμαρυγῆς ἄγαμαι τῆς ἡλιοειδοῦς.
ἄγαμαι δῆτ', ὦ δῖα Σελήνη, σελαγεῖς σέλας οὕνεκα
λαμπρόν·

For by thy gracious golden glittering streams,
   I trust to taste of truest Thisby's sight.
        But stay—O spite!
        But mark—poor knight,
          What dreadful dole is here?
        Eyes, do you see?
        How can it be?
          O dainty duck! O dear!
        Thy mantle good,
        What, stained with blood?
          Approach, ye furies fell!
        O fates, come, come!
        Cut thread, and thrum!
          Quail, crush, conclude, and quell!

O breathe not his Name.

O breathe not his name, let it sleep in the shade
Where cold and unhonour'd his relics are laid;
Sad, silent, and dark be the tears that we shed,
As the night-dew that falls on the grass o'er his head!

But the night-dew that falls, though in silence it weeps,
Shall brighten with verdure the grave where he sleeps;
And the tear that we shed, though in secret it rolls,
Shall long keep his memory green in our souls.

                              MOORE.

ὑπὸ γὰρ τοῖς σοῖς χρυσορύτοισιν χλιδανοῖς χαρίεσσι
   ῥεέθροις
ὄψιν Θίσβης τῆς πιστοτάτης πίστις πάρα πάγχυ
   πάσασθαι.
      ἀτὰρ οὐχὶ μενεῖς; φεῦ τῆς ὕβρεως·
      ὦ δύσμορ᾽ ἔραστ᾽, οὐχὶ κατόψει;
      τί τόδ᾽ αὖ φοβερὸν φρικῶδες ὁρᾶν;
      ἢ τήνδε θέαν λεύσσετον, ὄμματε;
         πῶς δέ, νεόττιον,
         ὦ νηττάριον, τάδ᾽ ἂν εἴη;
      τὸ δ᾽ ἀμώμητον στάζειν αἵματι
      σὴν ἀμπεχόνην. ἐπιχαιρέκακοι
      δεῦρ᾽ ἴτ᾽ Ἐρινύες· ἔλθετε Μοῖραι·
      τέμνετε λήνεα, τέμνετε πηνία·
         κείρετε καίνετε
         κἀκθλίβετε, κᾆτα πεπαύσθω.

                                    R. S.

Sileatur.

Ah nomen sileatur, in umbra dormiat illa,
   Reliqviae gelidae qva sine honore iacent :
Nos lacrumis illum maestis sine voce fleamus,
   Ceu bustum tacito nox pia rore lavat.

Sed qvi nocte cadunt etiam sine murmure rores
   Induerint laeto funebre vere solum,
Inqve animis nostris nomen servarit amici
   Qvae memor e caeco lacruma fonte cadit.

                                    K.

The Land of the Sun.

Know ye the land where the cypress and myrtle
  Are emblems of deeds that are done in their clime;
Where the rage of the vulture, the love of the turtle,
  Now melt into sorrow, now madden to crime?
Know ye the land of the cedar and vine,
Where the flowers ever blossom, the beams ever shine;
Where the light wings of zephyr, oppressed with per-
    fume,
Wax faint o'er the gardens of Gúl in her bloom;
Where the citron and olive are fairest of fruit,
And the voice of the nightingale never is mute;
Where the tints of the earth, and the hues of the sky,
In colour though varied, in beauty may vie,
And the purple of ocean is deepest in dye;
Where the virgins are soft as the roses they twine,
And all, save the spirit of man, is divine?
'Tis the clime of the East—'tis the Land of the Sun;
Can he smile on such deeds as his children have done?
Oh! wild as the accents of lovers' farewell
Are the hearts which they bear, and the tales which
    they tell.

BYRON.

Schicksal.

Ja, Schickſal, ich verſtehe dich:
Mein Glück iſt nicht von dieſer Welt,
Es blüht im Traum der Dichtung nur.
Du ſendeſt mir der Schmerzen viel,
Und gibſt für jedes Leid ein Lied.

UHLAND.

Solis Regio.

Nostin' qvae regio miscet myrteta cupressis,
    Indicio populi qualia facta sui;
Vulture qva sceleris furor est immanior, et qva
    Solvitur in gemitus turturis instar amor?
Nostin' laeta cedris late iuga, laeta Lyaeo,
    Qva cum perpetuo flore perenne iubar;
Qva zephyri errantis suaves rosa verna per hortos
    Qvamlubet admissam tardat odore fugam;
Pomiferae decus est ubi citrus olivaqve silvae,
    Mutaqve non unqvam vox, Philomela, tua est;
Qva, qvom terrarum color alter et alter Olympi,
    Major, in ambiguo est, gloria cedat utri;
Qva rubet oceani clarissuma purpura; qvaqve
    Multa rosis virgo textile nectit opus,
Nectit, et ipsa rosis est mollior: omniaqve, unam
    Excipias animi vim modo, plena Deo?
Haec regio est Orientis; et haec gratissuma Phoebo:
    Despicit ah populi blandus in ausa sui?
O, ut amatorum vox illa novissuma, dirum est
    Qvodqve solent animo volvere, qvodqve loqvi.

H. T.

Fortuna.

Iam scio qvid moneas.   Perierunt gaudia mundi;
    Somnia Pieridum sola fruenda manent.
Milia das, male fausta mihi Fortuna, malorum:
    Sed cum qvoqve malo das bene fausta melos.

K.

John Anderson.

John Anderson my jo, John,
   When we were first acquent,
Your locks were like the raven, John,
   Your bonnie brow was brent;
But now your brow is bald, John,
   Your locks are like the snaw;
But blessings on your frosty pow,
   John Anderson my jo.

John Anderson my jo, John,
   We clamb the hill thegither;
And monie a canty day, John,
   We've had wi' ane anither:
Now we maun totter down, John,
   But hand in hand we'll go,
And sleep thegither at the foot,
   John Anderson my jo.

BURNS.

The Lion and the Unicorn.

The lion and the unicorn
   Were fighting for the crown; .
The lion beat the unicorn
   All round the town.
Some gave him white bread;
   Some gave him brown;
Some gave him plum-cake,
   And sent him out of town.

GAMMER GURTON.

Pamphilus.

Pamphile, noster amor, primo mihi notus in aevo
  Corvus eras crines, tempora marmor eras.
Nunc frons calva tibi, nivea est coma : sed mihi vernat
  Bruma tui capitis, Pamphile, noster amor.

Pamphile, noster amor, nos collem adscendimus una,
  Et laeti socios vidimus ire dies :
Nosqve iter emensos nexis declive lacertis
  Una qvies iunget, Pamphile, noster amor.

K.

Grande Certamen.

Ἐμάχονθ' ὁ λέων χὠ μουνόκερως
    περὶ τοῦ στεφάνου·
καὶ μουνόκερων ὁ μὲν ἀντίδικος
    περὶ πᾶν ἤκιζ ἄστυ διώκων·
ὁ δὲ δωρηθεὶς ἄρτοις λευκοῖς,
φαιοῖς δ' ἑτέροις, ποπάνοις τ' ἄλλοις
    μυριοκάρποις
οὕτως ἔκδημος ἐπέμφθη.

K.

The Wronged Husband.

Had it pleased heaven
To try me with affliction; had he rained
All kinds of sores and shames on my bare head;
Steep'd me in poverty to the very lips;
Given to captivity me and my utmost hopes;
I should have found in some place of my soul
A drop of patience: but, alas, to make me
A fixed figure for the hand of scorn
To point his slow unmoving finger at,—
O! O!
Yet could I bear that too; well, very well:
But there where I have garner'd up my heart;
Where either I must live, or bear no life;
The fountain from the which my current runs,
Or else dries up; to be discarded thence!
Patience, thou young and rose-lipp'd cherubim,
Ay, there, look grim as hell!

SHAKSPEARE.

An sie.

Deine Augen sind nicht himmelblau,
Dein Mund, er ist kein Rosenmund,
Nicht Brust und Arme Lilien.
Ach! welch ein Frühling wäre das,
Wo solche Lilien, solche Rosen
Im Thal und auf den Höhen blühten,
Und alles das ein klarer Himmel
Umfinge, wie dein blaues Aug'!

UHLAND.

Laesus Maritus.

Εἰ δ' ἦν θεοῖς ἀρεστὸν ἐμβαλεῖν ἐμοὶ
δύας ἀπευκτούς, εἰ δὲ δυσκλεεστάτων
γυμνῷ 'πὶ κρατὶ καταχέαι ζάλην κακῶν,
δῆσαί τ' ἐν ἐσχάταισιν ἐνδείαις βίου
δεσμοῖσι δυσλύτοισιν ἐλπίδων ἄπο,
κἀνταῦθ' ἂν ὀρθαῖς καρτερεῖν εἶχον φρεσίν·
τὸ δ' αὖ μ' ἱδρῦσαι πασσαλευτὸν ὧδ' ὅπως
ἄγαλμ', ὁ μακρὸς οὔ μ' ἀκινήτοις ἀεὶ
χρόνος προδείξει δακτύλων ὀρέγμασιν·
φεῦ φεῦ.
ἀλλ' οὐκ ἄτλητον οὐδέ μοι τόδ' ἐστίν· οὔ.
θηκῶν δ' ἵν' ἦν μοι τῶν φρενῶν κειμήλιον,
ὧν οὐ βιωτὸν ἦν ἀποστερουμένῳ,
κρήνης δ' ὅθεν μοι ῥεῦμα καὶ πηγὴ βίου
ἔρρωγεν, ἀποτυχοῦσα δ' αὐάνθη πάλιν,
τούτων ἁμαρτεῖν οὐκέτ' ἔστ' ἀνασχετόν.
ὦ καρτέρησις, ἀλλόχρως ἤδη γενοῦ,
καὶ νεαρὸν ἄνθος ἀποβαλοῦσ' εὐμορφίας
ἄλλαξον Ἅιδου τ' ὄμμα καὶ γοργὸν σχέσιν.

E. M. C.

Ad Miram.

Non caeli tuus instar est ocellus ;
Non instar tua labra sunt rosarum ;
Non sunt lilia pectus ac lacerti.
O vis illa serenitasqve veris,
Qvod vestire rosisqve liliisqve
Posset talibus invidenda rura ;
Cui tam splendidus immineret aether
Qvam lux caerulei tua illa ocelli !

K.

Visions of the Future.

I dipt into the future, far as human eye could see,
Saw the vision of the world, and all the wonder that
    would be ;
Saw the heavens fill with commerce, argosies of magic
    sails,
Pilots of the purple twilight, dropping down with costly
    bales;
Heard the heavens fill with shouting, and there rained
    a ghastly dew
From the nations' airy navies, grappling in the central
    blue ;
Far along the world-wide whisper of the south wind
    rushing warm,
With the standards of the peoples plunging through the
    thunder-storm ;
Till the war-drum throbbed no longer, and the battle-
    flags were furled
In the parliament of man, the federation of the world.

TENNYSON.

Empfänglichkeit.

In die kalte, herbe Luft
Haucht die Rose keinen Duft.
Zu der Erde Liebeswonne
Wärme dich in Gottes Sonne.

W. MUELLER.

Qvid sit Futurum.

Vidi (neqve ultra lumina pergere
Humana fas est) fataqve gentium
    Promissa mirandosqve cursus
        Et speciem venientis aevi.

Vidi scatentem mercibus aera;
Non usitatis vidi ego linteis
    Puppes adurgeri et magistros
        Vespere purpureo rubentes

Deferre gazas desuper aureas;
Caelumqve sese murmure bellico
    Miscere feralesqve labi
        Caeruleum per inane rores,

Haerente classi classe per aetheris
Campos nitentes: unde tepentibus
    Late susurrabat per orbem
        Flaminibus furialis Auster.

Inter procellas fulmine luridas
Depraeliantum signa cohortium
    Volvuntur. At tandem tubarum
        Vox siluit lituusqve belli.

Iam desierunt martia pandier
Vexilla; iam nunc sedit amabilis
    Conventus, ac commune foedus
        Unanimae voluere gentes.

                    H. A. J. M.

Calor divinus.

Aere sub gelido nullos rosa fundit odores;
    Ut te terra beet, sole calesce Dei.

          L   K.

Gratitude.

What is grandeur, what is power?
Heavier toil, superior pain.
What the bright reward we gain?
The grateful memory of the good.
Sweet is the breath of vernal shower,
The bee's collected treasures sweet;
Sweet music's melting fall; but sweeter yet
The still small voice of gratitude.

GRAY.

Melody.

Come, rest in this bosom, my own stricken deer;
Though the herd have fled from thee, thy home is still
      here;
Here still is the smile that no cloud can o'ercast,
And the heart and the hand all thy own to the last.

Oh, what was love made for, if 'tis not the same
Through joy and through torments, through glory and
      shame?
I know not, I ask not, if guilt's in that heart—
I but know that I love thee, whatever thou art.

Thou hast call'd me thy angel in moments of bliss,
And thy angel I'll be, 'mid the horrors of this;
Through the furnace, unshrinking, thy steps to pursue,
And shield thee, and save thee, or—perish there too.

MOORE.

Grata Posteritas.

Qvid dominantum decus est tantum,
Magnificentia, pompa, potentia?
Labor insuavior, angor gravior.
Qvae sunt munera?   Laus post funera,
Voxqve piorum grata virorum.
Ver post rores spirat odores,
Suavesqve dapes condunt sibi apes;
Suave canoro sociata choro
Fidium vis est: suavius his est
Grandibus actis et bene factis
Bene dicentis vox pia mentis.

K.

Fides.

Laesus in hoc fessusqve sinu pete, dama, qvietem;
   Qvom socii fugiunt, hic tibi certa domus;
Hic tibi risus adest et lux innubila frontis,
   Et mens perpetua juncta manusqve fide.

Ah qvid amor prodesse valet, ni semper eundem
   Gaudia et aerumnae, fama pudorqve, vident?
Nec scio, nec qvaero, culpamne in pectore celes;
   Hoc scio, carus eris tu mihi, qvidqvid eris.

Ut me dixisti media inter gaudia divam,
   In mediis eadem sim tibi diva malis:
Per flammas tua pone seqvi vestigia, teqve
   Eripere, aut tecum dent mihi fata mori.

K.

Caledonia.

O Caledonia! stern and wild,
Meet nurse for a poetic child;
Land of brown heath and shaggy wood,
Land of the mountain and the flood,
Land of my sires! what mortal hand
Can e'er untie the filial band
That knits me to thy rugged strand!
Still, as I view each well-known scene,
Think what is now, and what hath been,
Seems as, to me, of all bereft,
Sole friends thy woods and streams are left;
And thus I love them better still,
Even in extremity of ill.
By Yarrow's stream still let me stray,
Though none should guide my feeble way;
Still feel the breeze down Ettrick break,
Although it chill my wither'd cheek;
Still lay my head by Teviot stone,
Though there, forgotten and alone,
The bard may draw his parting groan.

SCOTT.

Enigme.

Enfant de l'Art, enfant de la Nature,
Plus je suis vrai, plus je suis imposture;
Sans prolonger la vie, j'empêche de mourir,
Et je deviens trop jeune, à force de vieillir.

VOLTAIRE.

Caledonia.

Dura, poetarum nutrix aptissuma, tellus,
    Qvam nemus et rubea vestit erica coma ;
Scotia caeruleis Acheloi laeta fluentis,
    Laeta jugis ; patribus Scotia cara meis ;
Qvae manus aeterni pia vincula rumpat amoris,
    Et memores orae nos vetet esse tuae ?
Singula per notos dum rura revisimus agros,
    Et qvae sunt, animo, qvaeqve fuere, seqvor,
Omnibus amissis tua iam lenimina nobis
    Et nemora et purae sola videntur aqvae.
Tantum crescit amor qvantum infortunia crescunt ;
    Hinc magis illa animo cara magisqve meo.
Ipse eqvidem, nemo si membra senilia ducat,
    Ad sacra Varroviae flumina solus eam ;
Notus et Ettriciis veniat modo ventus ab arvis,
    Arida brumali torreat ora gelu ;
Et prope dilectos, Teviotica saxa, recessus
    O liceat solum deposuisse caput,
Qvamqvam vatis erunt aeterna oblivia, qvamqvam
    Ultimus aerium spiritus ibit iter !

H. T.

Αἴνιγμα.

Τῆς Τέχνης βρέφος εἰμί, Φύσις δέ με γείνατο μήτηρ·
    μᾶλλον ἐγὼ ψεύδω μᾶλλον ἀληθὲς ἐόν·
οὐ βίον ἐκτείνω θνητοῖς, θάνατον δ' ἀπερύκω,
    καὶ τό μ' ἄγαν γῆρας θῆκεν ἄγαν νεαρόν.

H. J. H.

Song of Comus.

The star that bids the shepherd fold,
Now the top of heaven doth hold;
And the gilded car of day
His glowing axle doth allay
In the steep Atlantic stream;
And the slope sun his upward beam
Shoots against the dusky pole,
Pacing toward the other goal
Of his chamber in the east.
Meanwhile, welcome joy and feast,
Midnight shout and revelry,
Tipsy dance and jollity.
Braid your locks with rosy twine,
Dropping odours, dropping wine.
Rigour now is gone to bed,
And advice with scrupulous head,
Strict age and sour severity,
With their grave saws, in slumber lie.
We, that are of purer fire,
Imitate the starry quire,
Who in their nightly watchful spheres
Lead in swift round the months and years.

MILTON.

Comus.

Λαμπρὸς ὅδ᾽ ἀστὴρ ὁ ποτὶ σταθμοὺς
ποίμνας ἐπάγων, οὐρανὸν ἤδη
   μέσον ἀμβαίνει,
κἂν ἑσπερίοις κύμασι πρηνὴς
ὁ θεὸς σπεύδει χρυσοφαέννων
παῦσαι μαλερὰν σύριγγα δίφρων,
καὶ τηλεφανεῖς ὕπτιος αὐγὰς
πρὸς κυανειδῆ πόλον ἔρριψεν,
   τέρμα βαδίζων
θαλάμων τηλοῦρον ἑῷων.
ἄγε δὴ θαλιῶν χάρις εὐστεφάνων
κώμων τε μέλη μηδ᾽ ἀτὲρ οἴνου
τῶν παννυχίων κελάδημα χορῶν.
ῥοδέοις στέμμασι πᾶς ἀναδείσθω
κρατὸς ἔθειραν, μύρον ἐνστάξας
   καὶ γάνος οἴνης Διονύσου.
νῦν γὰρ πᾶς τις κατεκοιμήθη
φθονερός, σοφίας τ᾽ εἴ τις ἐραστὴς
   τῆς πολυβούλου.
ἐν δὲ γερόντων καὶ βαρυθύμων
πᾶν ὀδυνηρὸν γένος αὐταῖσι
   γνώμαις ἐν ὕπνῳ κατακεῖται.
δεῦτ᾽ οὖν ὑμεῖς πυρὸς αἰθερίου
καθαροὶ παῖδες, τῶν οὐρανίων
ἄστρων ἤδη μιμεῖσθε χορούς,
οἳ ταχυδίνοις περιτελλόμενοι
   κύκλοισιν ἔτη
καὶ μῆνας ἄγουσι τελείους.

E. H. G.

Styrian Evensong.

Descend, O dewy Even,
 On lawn and thirsty lea;
To thee our songs are given,
 Our pipes are tuned for thee.

And lo, thy blush investeth
 The vale with purple gleam,
While on the mountain resteth
 The sun's departing beam.

Now solemn silence filleth
 The earth and waning sky,
Save where the woodbird trilleth
 Her last faint lullaby.

K. (*from the German.*)

Was ist das Herz ohne Liebe?

Wie ein Land ohne Herrn,
Wie die Nacht ohne Stern,
Wie der Becher ohn' Wein,
Wie der Vogel ohn' Hain,
Wie ohn' Aug' ein Gesicht,
Wie ohn' Reim ein Gedicht,
So ohne der Liebe Scherz und Schmerz
Das Herz.

W. MUELLER.

Ad Vesperum.

Descende, Vesper roscide, saltubus
Silvisqve nostris et sitientibus
    Optatus arvis; te canoro
        Rite pii revocamus ore,

Te fistularum cantubus.   En redis:
En tota vallis purpureo rubet
    Ardore, dum solis supini
        Pendet adhuc fugiturus axis

In monte summo. Iamque silentio
Tellus profundo dormit et humidus
    Aether, nisi extrema fatiscens
        Voce nemus volucris soporet.

K.

Mens sine Amore.

Qvod cultu sine tellus,
Qvod stella sine vesper,
Qvod vino sine crater,
Qvod silva sine turtur,
Qvod visu sine vultus,
Qvod rhythmo sine carmen,
Hoc mens est sine amoris
Luctu laetitiaqve.

K.

M

My Boat is on the Shore.

My boat is on the shore,
  And my bark is on the sea;
But before I go, Tom Moore,
  Here's a double health to thee!

Here's a sigh to those who love me,
  And a smile to those who hate;
And, whatever sky 's above me,
  Here's a heart for every fate.

Though the ocean roar around me,
  Yet it still shall bear me on;
Though a desert should surround me,
  It hath springs that may be won.

Were 't the last drop in the well,
  As I gasp'd upon the brink,
Ere my fainting spirits fell,
  'Tis to thee that I would drink.

With that water, as this wine,
  The libation I would pour
Should be—Peace with thine and mine,
  And a health to thee, Tom Moore!

BYRON.

Bodenlose Liebe.

Die Lieb' ist der Säckel des Fortunat:
Je mehr sie gibt, desto mehr sie hat.

W. MUELLER.

Vale, vale, inqvit.

In mare iam properat funes mea solvere puppis:
    Iam levis in primo litore cymba natat.
Sed moror ut binis cyathis tibi rite propinem,
    Atqve iterum, Bene te, candide Cotta, loqvar.

Cum gemitu hos inter calices memorantur amici;
    Cum risu, si qvis nos inimicus agit:
Et qvascumqve plagas Iove sub qvocumqve videbo,
    Qvodlubet ad fatum mente paratus eo.

Nos circum oceanus vesano mugiat aestu,
    Securi tumidas pergimus ire vias:
Vel cingant deserta licet sub sole propinqvo,
    At gelidos latices arida prodet humus.

Unica si staret mihi gutta in fonte potito,
    Dum gravis opprimeret langvida membra sitis,
Spiritus ante tamen fractos qvam linqveret artus,
    Hausturo tremeret nomen in ore tuum.

Dumqve undas biberem, ceu nunc spumantia vina,
    Hac ego tentarem fata movere prece:
Qvi tibi sunt cari, qvi sunt mihi, pace fruantur;
    Et Bene sit nullo non tibi, Cotta, die.

H. J. H.

Fortunati Saccus.

Vin' Fortunati veniat tibi saccus? Amato:
    Qvo plus largitur, plus habet unus Amor.

K.

Spring.

The soote season, that bud and blome forth brings,
  With grene hath clad the hill and eke the vale;
The nightingale with fethers new she sings;
  The turtle to her mate hath told her tale:
Somer is come, for every spray now springs;
  The hart hath hong his old hed on the pale;
The buck in brake his winter coate he flings;
  The fishes flete with new repaired scale;
The adder all her slough away she flings;
  The swift swalow pursueth the flies smale;
The busy bee her hony now she mings;
  Winter is worne, that was the flowers bale:
And thus I se among these pleasant things
Eche care decays; and yet my sorow springs.

SURREY.

Norna.

Dark are thy words and severe,
  Thou dweller in the stone;
But trembling and fear
  To her are unknown,
Who hath sought thee here
  In thy dwelling lone.
Come what comes soever,
  The worst I can endure;
Life is but a short fever,
  And death is the cure.

SCOTT.

Ver.

Mellea pars anni, florum frondumqve creatrix,
  Iam viridi valles et iuga veste tegit;
Colloqvium vocalis agit cum compare turtur,
  Laeta novis plumis Attica cantat avis.
Ver rediit ruri: iam qvaeqve repullulat herba,
  Iam micat in vitreo sqvamma refecta lacu.
Cornua mutatus suspendit in arbore cervus;
  Deposita veteri caprea pelle salit.
Findit iter liqvidum muscas ubi captet hirundo;
  Proiicit hibernam vipera picta cutim:
Sedula miscet apis fragrantem mellis acervum,
  Pestis enim florum noxia fugit hiems.
Cetera laetantur: deponunt cetera curas:
  Sed mihi tristitiae flebile crescit onus.

K.

Norna.

Caeca tristia nuntias,
Rupis incola saxeae:
Ast ego ingrediens loca
Sola, qvos habitas Lares,
  Nescio ipsa tremorem:
Ipsa nescia sum metus,
Qvalecumqve minaberis
Certa pessima perpeti:
Vita febris enim fugax;
  Mors habet medicinam.

R. S.

Freedom.

You ask me why, though ill at ease,
　　Within this region I subsist,
　　Whose spirits fail within the mist,
And languish for the purple seas.

It is the land that freemen till,
　　That sober-suited Freedom chose;
　　The land, where girt with friends or foes,
A man may speak the thing he will;

A land of settled government,
　　A land of just and old renown,
　　Where Freedom broadens slowly down
From precedent to precedent.

Should banded unions persecute
　　Opinion, and induce a time
　　When single thought is civil crime,
And individual freedom mute;

Though Power should make from land to land
　　The name of Britain trebly great;
　　Though every channel in the state
Should almost choke with golden sand;—

Yet waft me from the harbour-mouth,
　　Wild wind! I seek a warmer sky;
　　And I will see before I die
The palms and temples of the South.

                                        TENNYSON.

Libera Tellus.

Quaeris solicito cur ita taedio
Obpressus patriae semper inhaeream,
Cui cor deficiens purpureum mare
    Hic intra nebulas avet.

Glebam scilicet hanc libera gens arat,
Iam pridem modico sobria pallio
Libertas habet hic perpetuam domum :
    Qua vir gente vel invida

Vel cinctus sociis audeat eloqvi
Qvod sit cumqve animo : fultaqve legibus
Iustum per memores terra tulit decus
    Fastos ; iuraqve libera

Tardis augminibus latius exstruit
Scitorum series innumerabilis.
Qvod si verba animi candida promere
    Coniurata vetet cohors

Inducatqve malos in patriam dies
Qvom sentire secus sit vetitum nefas,
Et ius cuiqve suum conticeat metu :
    Aucta vi ter et amplius

Per gentes hominum fama Britanniae
Crescat ; paene etiam proluat alveos
Omnes auriferi conluvies luti,
    Per qvos res fluit imperi ;

Me portus tamen hinc aufer ab ostio,
Velox aura ; prius qvam moriar, die
Palmas sub medio visam ego templaqve,
    Caelum qvae melius tegit.

H. A. J. M.

The Patriot.

Ye eldest gods,
Who, mindful of the empire which ye held
Over dim chaos, keep revengeful watch
On falling nations, and on kingly lines
About to sink for ever; ye, who shed
Into the passions of earth's giant brood,
And their fierce usages, the sense of justice;
Who clothe the fated battlements of tyranny
With blackness as a funeral pall, and breathe
Through the proud halls of time-embolden'd guilt
Portents of ruin, hear me! In your presence,
For now I feel ye nigh, I dedicate
This arm to the destruction of the king
And of his race! O keep me pitiless!
Expel all human weakness from my frame,
That this keen weapon shake not when his heart
Should feel its point; and if he has a child
Whose blood is needful to the sacrifice
My country asks, harden my soul to shed it!

TALFOURD.

King Charles the Second.

Here lies our Sovereign Lord the King,
Whose word no man relies on;
Who never said a foolish thing,
And never did a wise one.

ROCHESTER.

Amans Patriae.

Παλαίτατοι θεῶν, οἵπερ, ἧς ἀρχῆς τὸ πρὶν
χάους ἀμαυροῦ δεσπόται κατέσχετε
μνήμην ἔχοντες, νῦν ἔθνη φυλάσσετε
ἤδη κάτω νεύοντα, καὶ πεσουμένους
δόμους τυράννων ἔγκοτοι καθήμενοι·
οἳ καί τιν' ἐσμῶν γηγενῶν ἐς ἄγρια
ἐμβάλλετ' ἤθη καὶ τρόπους ὠμοὺς δίκην·
οἵ τ' ἀμφ' ἐπάλξεις δωμάτων τυραννικῶν
ὥσπερ τιν' Ἅιδου πέπλον ἀμφιβάλλετε
σκότος, δι' αὐλῶν ἐμπνέοντες ἐνδίκως
ἄτην προσημαίνοντας οἰωνοὺς σαφεῖς·
ἤδη κλύοιτ' ἂν εὐμενεῖς ἐμῶν λιτῶν·
ὑμῶν παρόντων πλησίον, σάφ' οἶδα γάρ,
ταύτην δίδωμι χεῖρ' ἀφιερωμένην
τῇ τοῦ τυράννου καὶ γένους διαφθορᾷ.
πρὸς ταῦτ' ἀνοίκτους κἀκ γυναικείων τρόπων
μεθαρμόσαιτ' ἂν ἀνδρικὰς ἐμοὶ φρένας,
τὸ μὴ τρέμειν τόδ' ἐν σφαγῆς ἀκμῇ ξίφος·
εἰ δ' ἔστ' ἐκείνῳ τέκνον οὗ δεῖται φόνου
τὸ θῦμ' ὅ μ' αἰτεῖ πατρίς, ὅπως δὲ θήξετε
τὸ μή με δρῶντα μαλθακισθῆναι φρένα.

E. M. C.

Rex Carolus.

Rex bone, nemo tibi vult credere; tempore nullo
Nec stulte loqveris, nec sapienter agis.

K.

N

The Chase.

                    Now my brave youths,
Now give a loose to the clean generous steed,
Flourish the whip, nor spare the galling spur;
But in the madness of delight forget
Your fears.   Far o'er the rocky hills we range,
And dangerous our course; but in the brave
True courage never fails.   In vain the stream
In foaming eddies whirls: in vain the ditch
Wide gasping, threatens death.   The craggy steep,
Where the poor dizzy shepherd crawls with care,
And clings to every twig, gives us no pain;
But down we sweep, as stoops the falcon bold
To pounce his prey.   Then up the opponent hill,
By the swift motion slung, we mount aloft:
So ships in winter seas now sliding sink
Adown the steepy wave, then toss'd on high,
Ride on the billows, and defy the storm.
     What lengths we pass! Where will the wandering
               chase
Lead us bewilder'd?   Smooth as swallows skim
The new-shorn mead, and far more swift, we fly.
See my brave pack: now to the head they press,
Jostling in close array, then more diffuse
Obliquely wheel, while from their opening mouths
The vollied thunder breaks.   So when the cranes
Their annual voyage steer, with wanton wing
Their figure oft they change, and their loud clang
From cloud to cloud rebounds.
                                        SOMERVILLE.

Venatio.

Nunc, O magnanimi iuvenes, effundite habenas,
Subdite calcar eqvo, crepitans torqvete flagellum:
Venturi impavidos rapiat delira voluptas.
Saxa per et colles et per loca saeva periclis
Currimus: at fortes mens nunqvam deficit aeqva.
Frustra vorticibus spumans exaestuat amnis;
Sub pedibus frustra pandunt Acheronta lacunae.
Difficiles scopulos, ubi pastor lubricus errat
Talipedans omniqve moras in vimine nectit,
Nos super hos impune volamus: iamqve deorsum
Praecipitamur, ut in praedam Iovis incidit ales;
Iamqve per adversum collem iactamur eundo
Aerii: pedibus celer inpetus addidit alas.
Qvalis ubi hiberno in pelago nunc prona carina
Decurrit latera undarum, nunc emicat alte
Insultatqve vadis eqvitans ridetqve procellam.
    Qvo ferimur? Quo nos rapiens venaticus error
Decipit? Ut gramen detonsum radit hirundo,
Sic levi cursu nos mollia verrimus arva,
Sed citiore fuga. Ruit undiqve fida canum vis;
Iamqve catervatim ad primum concurritur agmen,
Tum sese explicuit legio, fusisqve per agros
Itur in obliqvos orbes: fit murmur; euntes
Ore tonant patulo. Qvales ubi in aethere cursum
Sollemnem fecere grues: petulantibus alis
Diversae variant speciem; clangore volantum
Nubes insonuere repercussaeqve reclamant.

                                        T S. E.

Song.

Go, forget me: why should sorrow
O'er that brow a shadow fling?
Go, forget me: and to-morrow
Brightly smile and sweetly sing.
Smile—though I shall not be near thee;
Sing—though I shall never hear thee:
May thy soul with pleasure shine,
Lasting as the gloom of mine.

Like the sun, thy presence glowing,
Clothes the meanest things in light;
And when thou, like him, art going,
Loveliest objects fade in night.
All things looked so bright about thee,
That they nothing seem without thee;
By that pure and lucid mind
Earthly things were too refined.

Go, thou vision, wildly gleaming,
Softly on my soul that fell;
Go, for me no longer beaming—
Hope and Beauty, fare ye well!
Go, and all that once delighted
Take, and leave me all benighted,—
Glory's burning generous swell,
Fancy, and the poet's shell.

WOLFE.

Tecum una perierunt gaudia nostra.

I fuge immemor mei;
  Qvid umbret illam cura nigra frontem?
I meiqve non memor
  Cras molle ride suaviterqve canta.

Molle rideas licet
  Nec me relictum captet iste risus;
Suaviter licet canas
  Nec me fugatum cantus iste flectat;

At tuum beet sinum
  Pax tanta, qvantae me movent procellae.
Solis instar emicans
  Splendore vestis qvidqvid invenusti est;

Solis instar occidens
  Premis venusti qvidqvid est tenebris.
Plena riserat tui
  Nuper, tuiqve sordet orba tellus;

Ingeni tui nimis
  Inclaruere cuncta claritate.
I fuge immemor mei
  Qvae luce mira fulseras imago

Blanda sensubus meis;
  I dulce nunqvam redditura lumen:
Qvidqvid est bonae spei,
  Qvidqvid decoris, aufer omne tecum:

Qvod placens erat prius
  I tolle, meqve linqve destitutum;
Tolle Gloriae faces
  Lyramqve et altae spiritum Camenae.

K.

The Siege of Corinth.

'Tis midnight: on the mountains brown
The cold round moon shines deeply down;
Blue roll the waters, blue the sky
Spreads like an ocean hung on high,
Bespangled with those isles of light,
So wildly, spiritually bright;
Who ever gazed upon them shining,
And turn'd to earth without repining,
Nor wish'd for wings to flee away,
And mix with their eternal ray?
The waves on either shore lay there
Calm, clear, and azure as the air;
And scarce their foam the pebbles shook,
But murmur'd meekly as the brook.
The winds were pillow'd on the waves;
The banners droop'd along their staves,
And, as they fell around them furling,
Above them shone the crescent curling;
And that deep silence was unbroke,
Save where the watch his signal spoke,
Save where the steed neigh'd oft and shrill,
And echo answer'd from the hill,
And the wide hum of that wild host
Rustled like leaves from coast to coast,
As rose the Muezzin's voice in air,
In midnight call to wonted prayer;
It rose, that chanted mournful strain,
Like some lone spirit's o'er the plain:
'Twas musical, but sadly sweet,
Such as when winds and harp-strings meet,

Corinthus obsessa.

Iam medios nox urget eqvos, et opaca iugorum
    Despicit e liqvido frigida Luna globo;
Caerula volvuntur iam marmora; caerulus aether
    Desuper oceani pensilis instar habet.
Illic ceu medio lucentia gurgite saxa,
    Spirant indomitas vivida signa faces.
O qvis ad illa oculos ardentia sustulit olim,
    Et placide in propriam se revocavit humum,
Nec pennis aperire vias optavit Olympi,
    Et comes aeterno fulgidus esse choro?
Aeqvora cessabant utrumqve lavantia litus
    Mollia caerulei puraqve more poli.
Candens vix teretes agitabat spuma lapillos,
    Nec gravior modico fonte susurrus erat:
Compositae carpunt somnos in fluctubus aurae,
    Haerent arboribus langvida signa suis.
Dumqve ita multiplici circumvolvuntur amictu,
    Candidus in lunae cornua cedit apex.
Nec qvae sufficerent violare silentia voces,
    Custodum nisi qva signa darentur, erant;
Qvave freqvens hinnitus eqvi resonaret acutum,
    Echo de mediis reiiciente iugis.
Iamqve ab utroqve mari strepitant examina dira,
    Ut nemora arboreae qvassa sonore comae,
Surgit ubi atqve omnes in sacra novissima noctis
    Convocat altisono carmen ab ore chori;
Surgit, ut aeriae qvondam si flebilis umbrae
    In desolatis vox oriatur agris,
Dulce qvidem, media tamen in dulcedine maestum,
    Ut chelys et liqvidi qvom coiere noti,

And take a long unmeasured tone,
To mortal minstrelsy unknown.
It seem'd to those within the wall
A cry prophetic of their fall;
It struck even the besiegers' ear
With something ominous and drear,
An undefined and sudden thrill,
Which makes the heart a moment still,
Then beat with quicker pulse, ashamed
Of that strange sense its silence framed;
Such as a sudden passing-bell
Wakes, though but for a stranger's knell.

BYRON.

Ariel's Song.

Where the bee sucks, there suck I;
In a cowslip's bell I lie,
There I couch when owls do cry;
On the bat's back I do fly
After summer, merrily:
Merrily, merrily shall I live now
Under the blossom that hangs on the bough.

SHAKSPEARE.

Auf Keplern.

So hoch war noch kein Sterblicher gestiegen,
Als Kepler stieß—und starb in Hungersnoth.
Er wußte nur die Geister zu vergnügen;
Drum ließen ihn die Körper ohne Brot.

KASTNER.

Et longum incipiunt incompositumqve tenorem,
  Qvalis in humana non amat esse lyra.
Obstupuere viri media inter moenia clausi,
  Exitiiqve ea vox omnibus omen erat.
Ipsis qvinetiam visa est cingentibus urbem
  Lugubre nescio qvid significare mali :
Ut temere adtonitum qvom pectus inhorruit, et qvom
  Purpureum subito sangvinis haesit iter :
Momentoqve brevi micat acrius, et pudor intrat
  Mira qvod in tacito sensimus ista metu,
Non aliter qvam si tumulo campana repente
  Qvamlubet ignoti destinet ossa viri.

H. T.

Ariel.

Ἴδε μ', ὦ τέκνον, ταῖσι μελίσσαις
τὸν σύνδειπνον, τὸν ἔσω κάλυκος
νυκτὸς ἀμολγῷ κατακοιμηθένθ',
ὡς νυκτερίδος πτέρυγα στομίων
  ἄτερ εὐθύνων
  βόσκω τὸν ἀκήρατον ὄλβον.
καὶ γὰρ πολλὰς πρόσθε κελεύθους
ἦλθον γλυκερῷ θέρει ἀμφιπολῶν·
νῦν δ' εὐφροσύνας ἱεροὺς καρποὺς
  εἶμ' ἀποδρέψων
στεφάνοις ὑπὸ δενδροκόμοισιν.

G. O. M.

Kepleri Sors.

Ante alios omnes sapientior ille Keplerus
  Vitam traxit inops, interiitqve fame.
Profuit humanis qvod non nisi mentibus, illum
  Corpora sunt ideo passa carere cibo.

o

K.

The World's Wanderers.

Tell me, thou Star, whose wings of light
Speed thee in thy fiery flight,
In what cavern of the night
          Will thy pinions close now?

Tell me, Moon, thou pale and grey
Pilgrim of heaven's homeless way,
In what depth of night or day
          Seekest thou repose now?

Weary Wind, who wanderest
Like the world's rejected guest,
Hast thou still some secret nest
          On the tree or billow?

                              SHELLEY.

Contentment.

I care not, Fortune, what you me deny:
You cannot rob me of free Nature's grace;
You cannot shut the windows of the sky,
Through which Aurora shews her brightening face;
You cannot bar my constant feet to trace
The woods and lawns, by living stream, at eve.
Let health my nerves and finer fibres brace,
And I their toys to the great children leave:
Of fancy, reason, virtue, nought can me bereave.

                              THOMSON.

Errones.

Stella, lucenti per inane penna
Flammeos velox agitare cursus,
Ede, qvo noctis tua nunc in antro
   Pluma qviescet?

Luna, pallenti veneranda vultu
Devios caeli peragens meatus,
Qva tenebrarum recrearis aut qva
   Lucis in aula?

Vente, terrarum velut exsul aegrum
Semper errorem renovans, adhucne
Servat arcanum tibi silva nidum
   Vel maris unda?

          K.

Contentus Animus.

Nil me solicitat qvid tu, Fortuna, recuses,
Dum mihi Naturae neqveas auferre decorem
Munificae, caeli neqveas obcludere valvas,
Qvas Aurora aperit, roseo spectabilis ore:
Neu possis retinere pedes, qvin vespere lustrem
Saltusqve siluasqve ad vivi fluminis oram.
Si modo dia Salus dignetur robore nervos
Et tenues firmare fibras, sua gaudia nugax
Per me turba colat procerum: mihi Musa supersit
Et Ratio et Virtus: his nil me dotibus orbat.

          K.

The Haunch of Venison.

While thus I debated, in reverie centred,
An acquaintance—a friend, as he call'd himself—enter'd;
An underbred, fine-spoken fellow was he,
And he smiled as he looked at the venison and me.
" What have we got here? Why, this is good eating !
Your own, I suppose—or is it in waiting ?"
" Why, whose should it be ?" cried I, with a flounce;
" I get these things often "—but that was a bounce :
" Some lords, my acquaintance, that settle the nation,
Are pleased to be kind—but I hate ostentation."
" If that be the case, then," cried he, very gay,
" I'm glad to have taken this house in my way.
To-morrow you take a poor dinner with me ;
No words—I insist on 't—precisely at three :
We 'll have Johnson and Burke—all the wits will be
          there ;
My acquaintance is slight, or I 'd ask my Lord Clare.
And, now that I think on 't, as I am a sinner,
We wanted this venison to make out a dinner.
What say you—a pasty ? it shall and it must,
And my wife, little Kitty, is famous for crust.—
Here, porter, this venison with me to Mile-end ;—
No stirring, I beg, my dear friend, my dear friend !"
Thus snatching his hat, he brush'd off like the wind,
And the porter and eatables follow'd behind.

GOLDSMITH.

————

Auf einen Reichen.

Du haſt des Reichen Gut, des Armen Herz und Harm ;
Den Erben biſt du reich, dir ſelber biſt du arm.

OPITZ.

Ferina.

Stabam ego sic curas meditans, et totus in illis,
Qvom qvidam incurrit notus mihi nomine tantum,
Non qvod non velit ille meis se adscribere amicis,
Nec satis ut loqvitur simplex, neqve factus ad unguem:
Et dixit ridens, ut me spectatqve ferinam,
Heus bone, numqvid habes? euge, haec lautissuma coena
    est:
Anne tuum hoc an nunc domino debetur opimo?
Qvid? rogitas? clamo, et Fert nobis unus et alter
Talia dona dies, Parthis mendacior addo:
Principibus placuisse viris mihi contigit; est qvi
Nos amat et . . . . sed sum iactantior.   Inruit ille:
Fortunatus ego, has cui iam devertere ad aedes
Contigerit: tu cras mecum coenaveris: hora
Nona erit: edixi: ne pugna fortis; habebis
Virgilium Variumqve: utinam mihi notior esset
Maecenas: sed erit flos ac facundia·Romae.
Qvin venit in mentem (paene excidit) hic mihi cervus,
Hic erat in votis, coenae caput ut foret illi.
Qvid fieri censes? crustumne?   Catullula nostra
Haec coqvit ut nemo melius: decrevimus ergo:
Ocius hanc pueri (tu ut sis tranqvillior oro,
Nunqvam hodie effugies) medias auferte Carinas.
Tuqve vale mea cura; vale dulcissume rerum.
Dixit et evasit: pueri atqve ferina seqvuntur.

                                 C. W.

Ad Harpagum.

Croesi divitias qvi iungis moribus Iri,
  Dives es heredi, pauper es ipse tibi.

                                  K.

The Beggar Maid.

Her arms across her breast she laid;
   She was more fair than words can say:
Bare-footed came the beggar maid
   Before the King Cophetua.
In robe and crown the king stept down
   To meet and greet her on her way.
" It is no wonder," said the lords,
   " She is more beautiful than day."
As shines the moon in clouded skies,
   She in her poor attire was seen:
One praised her ancles, one her eyes,
   One her dark hair and lovesome mien:
So sweet a face, such angel grace,
   In all that land had never been.
Cophetua swore a royal oath:
   This beggar maid shall be my queen.

TENNYSON.

Grabschrift des Neodars.

Neodar, seiner Freunde Plage,
Ruht hier, und hört zu fragen auf.
Das Fragen war sein Lebenslauf,
Und er verschieb in einer Frage.
Du fragst bei diesem Leichenstein:
Ward er durch Fragen klug?—Ach! nein.

HAGEDORN.

Mendica.

Ihat ut ambabus positis ad pectora palmis,
  Candorem eximium verba referre negant.
Nuda pedes et opem poscens in rebus egenis
  Cophetua coram rege puella venit.
Destituit solium rex ostro insignis et auro,
  Itqve salutatum qvae prope carpit iter.
Nec mirum, dixere duces; pulcerrima qvamvis
  Alma dies, alma pulcrior illa die.
Qvalis in obducto sublucet Cynthia caelo,
  Veste sub obscura cernere talis erat.
Virginis hic suras, alter laudavit ocellos,
  Ille nigros crines osqve cupidineum.
Nam dulcis facies divinaqve gratia formae,
  Qvalis in his nunqvam finibus ante fuit.
Cophetuas iurat, sceptrum testatus et orbem,
  Ex inopi coniux virgine regis erit.

H. A. J. M.

Epitaphium Percunctatoris.

Interrogator hic, sodalium pestis,
Interrogare desinit Polysperchon.
Interroganti vita longa manarat:
Interrogantem vox reliqvit extrema.
Interrogaris forte, doctus et prudens
Interrogando sitne factus: Haudqvaqvam.

K.

Hero.

Leon. I know not; if they speak but truth of her,
These hands shall tear her; if they wrong her honour,
The proudest of them shall well hear of it.
Time hath not yet so dried this blood of mine,
Nor age so eat up my invention,
Nor fortune made such havoc of my means,
Nor my bad life reft me so much of friends,
But they shall find, awaked in such a kind,
Both strength of limb and policy of mind,
Ability in means, and choice of friends,
To quit me of them throughly.
   Friar.   Pause a while,
And let my counsel sway you in this case.
Your daughter here the princes left for dead:
Let her awhile be secretly kept in,
And publish it that she is dead indeed;
Maintain a mourning ostentation;
And on your family's old monument
Hang mournful epitaphs, and do all rites
That appertain unto a burial.

SHAKSPEARE.

A False Face True.

That there is falsehood in his looks
   I must and will deny:
They say their master is a knave;
   And sure they do not lie.

BURNS.

Λεώνατος.   Ἱερεύς.

Δ. Οὐ σάφ' οἶδ', ἀλλ' εἰ κατ' αὐτῆς τῶνδ' ἀληθεύουσί τι
αἵδε νιν διασπάσονται χεῖρες.   εἰ δ' ἔχουσιν αὖ
ἐκδίκως σφ' ἀτιμάσαντες, ἀρά τις τάχ' εἴσεται
ὑψίφρων γεγώς περ ὡς τοῦδ' οὔτε τἀνδρὸς ἔσβεσεν
αἷμά πω χρόνος μακραίων, οὔτε νοῦν εὐμήχανον
γῆρας ἐξέτριψεν, οὔτε κτημάτων διαφθορὰν
ἡ τύχη τοιάνδ' ἔπραξεν, οὔτε δυσκλεὴς βίος
τῶν φίλων μ' ἀπεστέρησεν, ὥστε μή τιν' ἐκμαθεῖν
ἔμπεδον ῥώμην ἐνοῦσαν ὧδέ μοι τεθηγμένῳ
καὶ φρενῶν εὔβουλον ἀκμὴν ἄφθονόν τ' ἐν οἰκίᾳ
οὐσίαν λεκτούς τ' ὀπαδοὺς κἀπικουρίαν φίλων,
οἷσι ῥᾳδίως δοκῶ μοι τούσδε τίσεσθαι δίκην.

Ἱ. ὦ φίλ', ἀλλ' ἐπίσχες αὐτοῦ, τοῖς δ' ἐμοῖς βουλεύμασι
πρὸς τὰ νῦν παρόνθ' ὕπεικε· τὴν κόρην τότ' ἐνθάδε
ὡς ἐπ' ἐκπνοαῖς κατέλιπον ἄνδρες· ἔνδον οὖν λάθρᾳ
δεῖ τέως σέ νιν φυλάξαι, κἀπικηρῦξαι λόγους
ὡς ὑπὲρ σαφῶς θανούσης, καὶ χλιδῆς μιμήματα
πενθίμου τῶν σῶν κρεμαστὴν ξυγγενῶν ἐκ μνήματος
δέλτον ἀρχαίου καθάψαι σήματ' ἐγγεγραμμένην,
καὶ ταφῆς ἅπαντα σεμνῶς ἐκτελεῖν κτερίσματα.

E. H. G.

Falsitas Verax.

Falsum est qvod crepat oppidum, Perille,
Falsus qvod tibi vultus est, Perille:
Falsum qvi docet esse te, Perille,
Falsus non tibi vultus est, Perille.

K.

The Hebrew Monarch to his Warriors.

Warriors and chiefs, should the shaft or the sword
Pierce me in leading the host of the Lord,
Heed not the corse, though a king's, in your path;
Bury your steel in the bosoms of Gath. .

Thou who art bearing my buckler and bow,
Should the soldiers of Saul look away from the foe,
Stretch me that moment in blood at thy feet;
Mine be the doom which they dared not to meet.

Farewell to others; but never we part,
Heir to my royalty, son of my heart;
Bright is the diadem, boundless the sway,
Or kingly the death which awaits us to-day.

BYRON.

Song.

A widow bird sat mourning for her love
    Upon a wintry bough;
The frozen wind kept on above,
    The freezing stream below.

There was no leaf upon the forest bare,
    No flower upon the ground;
And little motion in the air,
    Except the mill-wheel's sound.

SHELLEY.

Exhortatio.

Si feriat mucrove meum vel lancea pectus,
    Si manus haec, quae vos duxerit, ipsa cadat,
Ilicet, O proceres, regem calcate jacentem,
    Inque Philistaeo condite tela sinu.

Si tamen instantem miles trepidaverit hostem,
    Si dederit turpi perfida terga fugae,
Armiger, inmissa tu me prosterne sub hasta;
    Qvod letum miles fugerit, ipse feram.

Iamque abeant reliqui; tu mecum, nate, maneto,
    Tu regniqve heres et mihi solus amor.
Haec grande imperium nobis claramqve coronam
    Lux dabit aut, qvae sit regibus apta, necem.

G. H. M.

Bruma.

Viduus ex arente ramo comparem turtur gemit:
Desuper gelantur aurae: torpet infra rivulus:
Flore nullo terra, nulla fronde vestitur nemus:
Per silentium molaris sola murmurat rota.

K.

Treuer Tod.

Der Ritter muß zum blut'gen Kampf hinaus,
 Für Freiheit, Ruhm und Vaterland zu streiten;
Da zieht er noch vor seines Liebchens Haus:
 Nicht ohne Abschied will er von ihr scheiden.

  O weine nicht die Aeuglein roth,
   Als ob nicht Trost und Hoffnung bliebe;
  Bleib' ich doch treu bis in den Tod
   Dem Vaterland und meiner Liebe.

Und als er ihr das Lebewohl gebracht,
 Sprengt er zurück zum Haufen der Getreuen;
Er sammelt sich zu seines Kaisers Macht,
 Und muthig blickt er auf der Feinde Reihen.

  Mich schreckt es nicht, was uns bedroht,
   Und wenn ich auf der Wahlstatt bliebe;
  Denn freudig geh' ich in den Tod
   Für Vaterland und meine Liebe.

Und furchtbar stürzt er in des Kampfes Gluth,
 Und Tausend fallen unter seinen Streichen;
Den Sieg verdankt man seinem Heldenmuth,
 Doch auch den Sieger zählt man zu den Leichen.

  Ström' hin, mein Blut, so purpurroth!
   Dich rächten meines Schwertes Hiebe;
  Ich hielt den Schwur treu bis in Tod
   Dem Vaterland und meiner Liebe.

KOERNER.

Eqves.

Eqves cruentum Martis adgrediens opus,
'Qvo Patria qvo Laus qvoqve Libertas vocat,
Suae moratur ante virginis domum,
Nec vult abire non prius dicto Vale.

Flere qvin parcis neqve in omne tempus,
Cara, desperas?   Ego nunc et ipsam
Dicar ad mortem patriae meoqve
       Fidus amori.

Et qvom supremum iam susurrasset Vale,
Claris, ut ante, iungitur sodalibus,
Et miles inter milites regis sui
Interritus prospectat hostium minas.

Nil ego instantis metuens pericli,
Haec mihi si sit statio sepulcrum,
Procidam laetus, patriae meiqve
       Tutor amoris.

Turmasqve dirus inter hostiles furit,
Dat mile plagas, mile prosternit viros;
Debetur illi partium victoria:
Sed ipse victis additus victor iacet.

Profluat sangvis: neqve me fefellit
Ultor hic ensis; neqve non fidelem
Mors sacramento patriaeqve et uni
       Vidit amori.

                      K.

The Slandered One.

Done to death by slanderous tongues
  Was the hero that here lies:
Death, in guerdon of her wrongs,
  Gives her fame which never dies:
So the life, that died with shame,
Lives in death with glorious fame.
Hang thou there upon the tomb,
Praising her when I am dumb.

Pardon, goddess of the night,
Those that slew thy virgin knight;
For the which, with songs of woe,
Round about her tomb they go.
    Midnight, assist our moan;
    Help us to sigh and groan,
        Heavily, heavily:
    Graves yawn, and yield your dead,
    Till death be uttered,
        Heavily, heavily.

SHAKSPEARE.

Schiff und Herz.

Uebel ist ein Schiff berathen auf dem sturmbewegten Meer;
Doch ein Herz im Sturm der Liebe ist es wahrlich noch viel
    mehr.
Jenes wirft die schweren Lasten, die es drücken, über Bord;
Dieses schifft mit voller Labung durch die wilden Fluthen
    fort.

W. MUELLER.

Ἡρώ.

Ἄδε μὲν Ἡρὼ γαῖα καλύπτει
ψιθυραῖς Ἡρὼ γλώσσαις φθιμένην·
Θάνατος δ' ἄχεων ποινὰς μεγάλων
ἀντιδίδωσιν κλέος ἀθάνατον·
βιοτὰ δ' οὕτω θνήσκουσ' ἀκλεῶς
βίον εἴληχεν τὸν κλεινότατον·
δέλτος, σὺ δέ μοι νῦν ἐπὶ τύμβου
τοῦδε κρεμαστὴ
σιγῶντος ἐμοῦ νιν ἐπαίνει.·

σύγγνωθι θεά, πότνια νυκτός,
σὴν κτείνασιν παρθένον ἀδμῆτ'·
ἀνθ' ὧν τύμβους ἀμφιπολοῦμεν
λιγυροῖς θρήνοις ἐπιτυμβιδίοις·
σὺ δὲ νὺξ μεσάτη σύμμαχος ἡμῶν
μελέα μελέοις ἴσθι στοναχαῖς·
ἐπάνω τύμβοι τ' ἐκπροϊέντες
χάσκετε νεκρούς, ἔστ' ἂν θάνατος
μέλεος μελέων
νεκύων πλήρωμα κενώσῃ.

R. S.

Amor Naufragus.

Triste ratis pelagi medio conrepta furore ;
Tristius in vitae turbine prensus Amor.
Iacturam facit illa, levisqve supervolat undas ;
Hic fera solicitum per freta portat onus.

K.

Sonnet.

One day I wrote her name upon the strand,
But came the waves and washed it away;
Again I wrote it with a second hand,
But came the tide and made my pains his prey.
"Vain man," said she, "that dost in vain assay
A mortal thing so to immortalise;
For I myself shall like to this decay,
And eke my name be wiped out likewise."
"Not so," quoth I; "let baser things devise
To die in dust, but you shall live by fame:
My verse your virtues rare shall eternise,
And in the heavens write your glorious name;
Where, whenas death shall all the world subdue,
Our love shall live, and later life renew."

SPENSER.

The Parting Gift.

Take this ring, the simple token
    Of a true and loving heart;
Could the spell of fate be broken,
    Never, never would we part.

Soon we lose whate'er is sweetest;
    Soon we ring enjoyment's knell;
Fondest hopes are ever fleetest;
    Therefore, dear one, fare thee well.

K. (from the German.)

Lalage.

Nuper ego scripsi Lalages in litore nomen :
  Ilicet hoc tumidi diluit unda maris.
Mox iterum scripsi : nec longum tempus, et aestus
  Adlabens iterum despoliavit opus.
Desine, ait Lalage, vir credule : sicine morte
  Mortales titulos posse carere putas ?
Aufugiam par ipsa notis in litore ductis,
  Deletumqve meum tempore nomen erit.
Haud ita, respondi : confundat cetera pulvis ;
  Fama tibi vitam tempus in omne dabit.
Aeternabit enim raras mea carmine dotes
  Aetheraqve inscribet nomine Musa tuo.
Illic vivus erit seroqve novabitur aevo,
  Ultima post mundi funera, noster amor.

K.

Ad Neaeram.

Gemmam do tibi simplicem, Neaera,
Fidi mnemosynon probiqve cordis ;
Nos, si fata forent movenda votis,
Nullum, lux mea, separaret aevum.

Sed dulcissima quaeqve mox recedunt,
Veloci pede praeterit Voluptas,
Et, qvo blandior, hoc fugacior Spes :—
Ergo, noster amor, vale, Neaera.

K.

Q

Bees.

Therefore doth Heaven divide
The state of man in divers functions,
Setting endeavour in continual motion;
To which is fixed, as an aim or butt,
Obedience: for so work the honey-bees;
Creatures that, by a rule in nature, teach
The act of order to a peopled kingdom.
They have a king, and officers of sorts:
Where some, like magistrates, correct at home;
Others, like merchants, venture trade abroad;
Others, like soldiers, armed in their stings,
Make boot upon the summer's velvet buds;
Which pillage they with merry march bring home
To the tent royal of their emperor:
Who, busied in his majesty, surveys
The singing masons building roofs of gold;
The civil citizens kneading up the honey;
The poor mechanic porters crowding in
Their heavy burdens at his narrow gate;
The sad-eyed justice, with his surly hum,
Delivering o'er to executors pale
The lazy yawning drone.

SHAKSPEARE.

Cock Robin.

Who killed Cock Robin?
   I, says the Sparrow,
   With my bow and arrow,
I killed Cock Robin.

GAMMER GURTON.

Apes.

Ergo homines Deus instituit diversa seqventes,
Mobile semper uti studium et certamen habendi
Curreret, hanc unam properans contingere metam,
Esse sub imperio maiorum audireqve habenas.
Sic operantur apes cogendi mellis amore :
Qvæ, duce natura, populo documenta dedere
Regnato, ut parere velint ac legibus uti.
Iura magistratusqve legunt, regemqve seqvuntur :
Castigare domi est aliarum, et sumere poenas ;
Mercantes aliae peregrina negotia curant ;
Spicula portantes aliae, ceu miles in armis,
Aestatem populantur et aurea germina vastant :
Unde domum praedam referentibus agmine laeto
Itur ad augusti praetoria regis : at ille
Fungitur imperio, contemplaturqve canentes
Murorum artifices molirier aurea tecta,
Parte alia cives liqvefacta recondere mella,
Parte alia famulos operantes pondera tergo
Grandia ad angustum certatim advolvere limen :
Contemplatur item praetorem torva tuentem,
Dum saevum mussans fucorum ingloria tradit
Corpora carnifici.

T. S. E.

Rubeculus.

Τίς ἄρρεν' ἐρυθρόστερνον ἦν ἄρ' ὁ κτείνας;
Αὐτὸς φίλοις τόξοισιν, ἢ δ' ὃς ὁ στρουθός,
τὸν ἄρρεν' ἐρυθρόστερνον αὐτὸς ἔκτεινα.

R. S.

The Lotus-eaters.

Hateful is the dark-blue sky
    Vaulted o'er the dark-blue sea.
Death is the end of life; ah, why
    Should life all labour be?
Let us alone.   Time driveth onward fast,
    And in a little while our lips are dumb.
Let us alone.   What is it that will last?
    All things are taken from us, and become
Portions and parcels of the dreadful past.
    Let us alone.   What pleasure can we have
To war with evil?   Is there any peace
    In ever climbing up the climbing wave?
    All things have rest, and ripen toward the grave
In silence, ripen, fall, and cease.
Give us long rest, or death, dark death, or dreamful
    ease.

TENNYSON.

Amor's-Pfeil.

Amor's Pfeil hat Widerspitzen;
Wen er trifft der laſſ' inn ſitzen,
    Und erbuld' ein wenig Schmerz:
Wer geprüften Rath verachtet,
Und ihn auszureiſſen trachtet,
    Der zerfleiſchet ganz ſein Herz.

BUERGER.

Lotophagorum Vota.

Est ipse pontus taedio et imminens
Superne caelum, caerula caerulis
    Porrecta; cur tanto labore
        Gens terimus peritura vitam?

Tandem precamur, qvisqvis es, abstine
Lassos fatigandi, ut pedibus ruit
    Tempus citatis, nostraqve aevo
        Functa brevi labra conticebunt.

Qvid non caducum? Cur brevis inchoet
Spem longiorem, singula cui sua
    Raptantur extorqventur eheu
        Tristibus adcumulanda fastis?

Cessemus. Ecqvid profuit invidis
Certare divis? Pontum iterantibus
    Quae pax, ubi aeternat labores
        Unda superveniens in undam?

Nil non qviescit: nec nisi funeri
Maturat aetas omnia: da mori aut
    Cessare nobis; da qvietem
        Somniferam tenebrasve leti.

W. G. C.

Amoris Sagitta.

Ἰθὺ παλιγνάμπτοισιν Ἔρως καλάμοισιν ἰάπτει,
  τλῆθί μιν, οὐ πικρῶς κείσεται ἡ βελόνη.
ὃς δέ μιν ὑβρίζων πειρᾷ κατὰ κάρτος ἀποσπᾶν,
  ἄθλιε, μὴ τὴν σὴν ἐξερύσῃς κραδίην.

H. J. H.

The Poor Scholar's Song.

Death, old fellow! have we then
    Come at last so near each other?
Well, shake hands; and be to me
    A quiet friend, a faithful brother.

All those merry days are gone,
    Gone with cash and health, old fellow,
When I read long days and nights,
    And sometimes (with a friend) got mellow.

Newton! Euclid! fine old ghosts!
    Noble books of old Greek learning!
Ah, ye left huge aches behind,
    Head and heart and brain all burning.

How I toiled! For one now fled
    I wore down the midnight taper,
Labouring, dreaming; till one day
    I woke, and found my life—a vapour.

Yet I hoped (ah, laugh not now!)
    For wealth and health and fame—the bubble!
So I climbed up wisdom's steeps,
    And got a fall, boy, for my trouble.

Now all's over. No one helped,
    No one cheered my strong endeavour;
So I sank, and called on thee,
    And thou'lt be my friend for ever.

BARRY CORNWALL.

Docta Paupertas.

Mors, geniale caput, non adspernata vocantem,
    Tam vicina mihi sicine castra locas?
Qvin serimus dextras? Sociam fidamqve sororem
    Te tranqvilla mihi nectat amicitia.

Fugit laeta salus, aurum mihi fugit, et una
    Fugerunt hilares iam, mihi crede, dies,
Qvando ego per longas luces noctesqve legebam,
    Poclaqve cum socio rara levamen erant.

Neutone O tuqve Euclidae venerabilis umbra,
    Doctaqve Graiorum vos monumenta, libri,
Heu mihi qvam taetros legastis saepe dolores,
    Qvanta cor invasit qvantaqve flamma caput!

Sed tamen inmensus, spatiis inclusus iniqvis,
    Urere nocturnam lampada iussit amor.
Multa laborabam, fingebam somnia multa,
    Somnia qvae subito dispulit orta dies.

Sed vel adhuc trepidam (noli ridere) fovebant
    Spem mihi divitiae, robur, inanis honor.
Ergo doctrinae scandens interritus arces
    Deciduus lapsu praecipitante ruo.

Actum est! nemo mihi Macte adclamabat et Euge,
    Nemo operi magno suppeditabat opem.
Sic ego deficiens aegra te voce   avi,
    Tuqve mihi fautrix tempus in omne venis.
                             K.

The Skylark.

Hail to thee, blithe spirit!
   Bird thou never wert,
That from heaven, or near it,
   Pourest thy full heart
In profuse strains of unpremeditated art.

Higher still and higher
   From the earth thou springest,
Like a cloud of fire;
   The blue deep thou wingest,
And singing still dost soar, and soaring ever singest.

In the golden lightning
   Of the sunken sun,
O'er which clouds are brightening,
   Thou dost float and run,
Like an unbodied joy, whose race is just begun.

The pale purple even
   Melts around thy flight;
Like a star of heaven
   In the broad daylight
Thou art unseen, but yet I hear thy shrill delight.

Keen as are the arrows
   Of that silver sphere,
Whose intense lamp narrows
   In the white dawn clear,
Until we hardly see, we feel that it is there.

Alauda.

O qvae, iocosum numen, ab intimo
(Vox namqve mortalem haud sonat alitem)
    Aut hospes aut vicina caeli
        Pectore nil meditata largos

Fundis canores; en magis ac magis
Elata terram deseris, igneae
    Par nubis, adscendisqve semper
        Caeruleos fugiente penna

Tractus; neqve unqvam surgere desinis
Inter canendum, nec celer impedit
    Carmen volatus. Tu, cubile
        Sole sub Hesperium cadente

Coepere qvom iam nubila tingicr
Luce insolenti, per iubar aureum
    Tu ludis exsultante lapsu,
        Tu fluitas velut umbra iamiam

Exuta pigri vincula corporis,
Cursum institutum currere gestiens:
    Te vesper en pallens amictu
        Purpureo tegit avolantem.

Ceu stella, fallis per liqvidum aethera,
Qvom lux diei plena refunditur,
    Visum; sed argutae lepores
        Aure bibo sitiente vocis.

Argenteae sic spicula Cynthiae
Scindunt acutis ictubus aera;
    Sed pallet Aurorae sub alba
        Vivida fax tenuata luce;

R

All the earth and air
  With thy voice is loud,
As, when night is bare,
  From one lonely cloud
The moon rains out her beams, and heaven is over-.
  flowed.

SHELLEY.

Silent Love.

Few the words that I have spoken; true love's words
  are ever few;
Yet by many a speechless token hath my heart dis-
  coursed to you.
Souls that to each other listen, hear the language of a
  sigh,
Read the silent tears that glisten in the tender trembling
  eye.
When your cheek is pale with sadness, dimmer grows
  the light of mine,
And your smiles of sunny gladness in my face reflected
  shine.
Though my speech is faint and broken, though my words
  are ever few,
Yet by many a voiceless token all my heart is known to
  you.

K.

Lady-bird.

Lady-bird, lady-bird, fly away home:
Your house is on fire, your children will burn.

GAMMER GURTON.

Tum vix videre est, sed tamen intumis
Haurire fas est sensubus. En tua
   Tractusqve terrarum et lacunar
    Aetherium reboat loquela,

Ceu nuda noctis qvom facies patet,
Demittit una Cynthia fulgidos
   E nube rores, at sereni
    Templa poli radiis redundant.

H A. J. M.

Amor mutus.

Οἶδα παῦρ᾽ ἔπη λαλήσας· παῦρ᾽ ἔρως λαλεῖν φιλεῖ·
ξυμβόλοις δ᾽ ὅμως ἀναύδοις σοὶ τὸ πᾶν ᾐνιξάμην.
εὖ γὰρ οἶδε φρὴν ἐρῶσα τί στόνος λέγειν θέλει
δακρύων τ᾽ ἄφωνος ὀμφὴ μαλθακοῦ δι᾽ ὄμματος·
σῆς παρῆδος ὠχριώσης ἥ τ᾽ ἐμὴ μαραίνεται,
σῷ τ᾽ ἐμὸς γέλωτι λαμπρὸς ἀντιφέγγεται γέλως.
ὧδε δυσκρίτως μόλις τε τἀμά σοι φωνῶν ὅμως
ξυμβόλοις ἔρωτ᾽ ἀναύδοις γνωρίσας ἅπαντ᾽ ἔχω.

K.

Coccinella.

Coccinella, coccinella, qvin volas redux domum?
Tecta flagrant: ah cremantur coccinelluli tui.

K.

The Exile.

Night waneth fast, the morning star
 Saddens with light the glimm'ring sea,
Whose waves shall soon to realms afar
 Waft me from hope, from love, and thee.

Coldly the beam from yonder sky
 Looks o'er the waves that onward stray;
But colder still the stranger's eye
 To him whose home is far away.

Oh, not at hour so chill and bleak
 Let thoughts of me come o'er thy breast;
But of the lost one think and speak
 When summer suns sink calm to rest.

So, as I wander, fancy's dream
 Shall bring me o'er the sunset seas
Thy look in every melting beam,
 Thy whisper in each dying breeze.

MOORE.

Sakontala.

Willst bu bie Blüthe des frühen, bie Früchte bes späteren
 Jahres,
 Willst bu, was reizt und entzückt, willst bu, was fättigt
 und nährt,
Willst bu ben Himmel, bie Erbe mit Einem Namen begreifen?
 Nenn' ich Satontala, bich, und fo ift alles gefagt.

GOETHE.

Linqvenda Tellus et Domus.

Nox retro properat: pallenti Lucifer ortu
  Iam tremula dubias lampade pulsat aqvas.
Transferet hic ah me peregrinam fluctus ad oram,
  Qva neqve amor nec spes nec meus ignis erit.

Frigida de celso funduntur lumina caelo,
  Frigidaqve haec refluo suscipit unda sinu:
Frigidiora tamen torvi videt hospitis ora
  Advena, cui procul est trans mare cara domus.

Tempestate illa, qvom pallet frigidus aether,
  Lux mea, ne cordi sit meminisse mei.
Hunc recoles melius, qvi te desiderat absens,
  Aestivo placidum sole petente torum.

Litora sic qvoties ad vespertina vagabor,
  Mnemosyneqve animo ludet amata meo,
Omnia te referent: oculus tuus effugiens lux,
  Et tuus exspirans aura susurrus erit.

V. B. J.

Multum in Parvo.

Vis primi flores cum seri fructubus anni,
  Qvod iuvet utiliter vis, qvod amanter alat,
Vis caelum et terram comprendere nomine in uno?
  Fannia dic: unum hoc omnia nomen habet.

K.

Ode on Solitude.

Happy the man, whose wish and care
  A few paternal acres bound ;
Content to breathe his native air
      In his own ground.

Whose herds with milk, whose fields with bread,
  Whose flocks supply him with attire ;
Whose trees in summer yield him shade,
      In winter fire.

Blest, who can unconcern'dly find
  Hours, days, and years slide soft away,
In health of body, peace of mind,
      Quiet by day,

Sound sleep by night; study and ease
  Together mixt; sweet recreation ;
And innocence, which most doth please,
      With meditation.

Thus let me live, unseen, unknown,
  Thus unlamented let me die,
Steal from the world, and not a stone
      Tell where I lie.

POPE.

Grabschrift des Silvius.

Hier lieget Silvius, der nichts umsonst gethan:
Es schmerzt ihn, daß man dies umsonst hier lesen kann.

OPITZ.

Solitarius.

Gratulor, qvi spes modicas avito
Terminans fundo nihil adlaborat;
Cui placet caelum patrium suiqve
         Limes agelli;

Arva cui donant Cererem, gregesqve
Lacteum humorem niveosqve amictus,
Cui per aestatem parat ulmus umbras,
         Lignaqve brumae.

Huic bene est, cui non fugit inqvieto
Hora delabensqve dies et annus :
Integer membris animoqve sanus
         Nocte salubres

Qvi capit somnos, vigilatqve laetus :
Qvem iuvant libri, iuvat otiari
In loco, et vitae decus innocenti
         Iungere Musas.

Sic ego obscurus procul urbe vivam;
Sic mori possim lacrumante nullo;
Neu lapis sedes cinerum supremas
         Imprimat index.

                   T. S. E.

Epitaphium Hyperphronis.

Hic situs est, qvi nil temere unqvam fecit, Hyperphron :
Advena, qvom temere haec sunt tibi lecta, dolet.

                   K.

To Mary in Heaven.

Thou lingering star, with less'ning ray
   That lov'st to greet the early morn,
Again thou usherest in the day
   My Mary from my soul was torn.
O Mary, dear departed shade!
   Where is thy place of blissful rest?
See'st thou thy lover lowly laid?
   Hear'st thou the groans that rend his breast?

That sacred hour can I forget,
   Can I forget the hallowed grove,
Where by the winding Ayr we met,
   To live one day of parting love?
Eternity will not efface
   Those records dear of transports past;
Thy image at our last embrace —
   Ah, little thought we 'twas our last!

Ayr gurgling kiss'd his pebbled shore,
   O'erhung with wild woods thick'ning green;
The fragrant birch and hawthorn hoar
   Twined amorous round the raptured scene;
The flowers sprang wanton to be prest,
   The birds sang love on every spray;
Till too, too soon, the glowing west
   Proclaim'd the speed of winged day.

Still o'er these scenes my mem'ry wakes,
   And fondly broods with miser care;
Time but the impression deeper makes,
   As streams their channels deeper wear.

Ad Umbram Mariae.

Stella recedentem iam iamqve minutior orbem
 Obvia luciferis una morata rotis,
Illa dies duce te volvente relabitur anno
 Qva fuit e nostro rapta Maria sinu.
O animarum adscripta choro, dilecta Maria,
 Illa domus, felix qva reqviescis, ubi est?
Contemplaris humi prostratum in pulvere, et audis
 Qvanto se gemitu torqueat intus amans?

Mene sacri fas est oblivia temporis unqvam
 Ducere, mene sacrum non meminisse nemus,
Qva patriae propter flexus convenimus undae,
 Extremumqve diem mutuus egit amor?
Nulla aetas animo monumenta perennia demet;
 Nec mihi deliciae praeteriere meae.
Non species omnis tua vanuit, oscula qvalis
 Ultima, nec nobis ultima visa, dabas.

Lympha susurrantes riparum amplexa lapillos
 Fronde superfusis ibat opaca vadis;
Spinaque cana vagos miscebat odoraqve flexus
 Betula per laetum, par geniale, locum.
Germina surgebant tangi poscentia; nec qvi
 Ramus amorem avium non resonaret, erat:
Dum rubet Hesperia caelum de parte, diemqve
 Heu nimis admissa nuntiat ire rota.

Illis deliciis etiamnum laetor, et illis
 Inmoror, occultas inter avarus opes.
Tempore crescit adhuc constantior intus imago,
 Altior ire latex tempore qvalis amat.

s

My Mary, dear departed shade!
  Where is thy place of blissful rest?
See'st thou thy lover lowly laid?
  Hear'st thou the groans that rend his breast?

BURNS.

Falstaff's Recovery.

Fals. Embowelled! If thou embowel me to-day, I'll give you leave to powder me, and eat me too, to-morrow. 'Sblood, 'twas time to counterfeit, or that hot termagant Scot had paid me scot and lot too. Counterfeit? I lie; I am no counterfeit. To die is to be a counterfeit; for he is but the counterfeit of a man who hath not the life of a man; but to counterfeit dying, when a man thereby liveth, is to be no counterfeit, but the true and perfect image of life indeed. The better part of valour is—discretion, in the which better part I have saved my life. Zounds, I am afraid of this gunpowder Percy, though he be dead. How, if he should counterfeit too, and rise? I am afraid he would prove the better counterfeit. Therefore I'll make him sure; yea, and I'll swear I killed him. Why may not he rise as well as I? Nothing confutes me but eyes, and nobody sees me. Therefore, sirrah (*stabbing him*), with a new wound in your thigh, come you along with me.

SHAKSPEARE.

O animarum adscripta choro, dilecta Maria,
Illa domus, felix qva reqviescis, ubi est?
Contemplaris humi prostratum in pulvere, et audis
Qvanto se gemitu torqueat intus amans?

H. T.

Falstavus Redivivus.

ΦΑΛ. Τὸ δ' ἔντερα τἀμά σ' ἐξελεῖν· ἐὰν μὲν οὖν
τῷδ' ἐν φάει 'ξελῇς σφε, τὠπιόντι με
τεμάχη ποιήσεις λεπτά, καὶ κατεδεῖ γε πρός.
μὰ Δί' ἀλλ' ἐνόμιζον οὐκ ἔτος φενακιεῖν,
εἴ μ' οὑτοσὶ θερμουργὸς ἄγριος Σκύθης
δώσειν ἔμελλεν οὐ τάχ' ἀλλ' ἤδη σκότῳ.
ποῖον φενάκισμ'; οὐ γὰρ ἀλλὰ ψεύδομαι·
οὐ δῆτ' ἐφενάκισ'· ἐστὶ γὰρ φενακίσαι
τὸ θανεῖν· ὁ γὰρ μηδ' ἐμπνέων ἀνθρωπίνως,
μορφὴν ὑποδὺς ἀνθρωπίνην, ὁδὶ φέναξ.
ὁ δ' ὡς θανὼν φενακίσας, ἐν τῷδε δὲ
ζῶν, οὐκ ἐφενάκισ' οὗτος, ἀλλὰ ζῶν κυρεῖ
πάμψυχος ἤδη κοὐδὲν ἐξηκασμένος.
τοῦ γὰρ θράσους πλεῖν ἡμίσους τὸ σωφρονεῖν·
τούτῳ δ' ἐγὼ νῦν οὐ τέθνηκα θἠμίσει.
οἴμοι τάλας· ὡς τόνδε καὶ θανόνθ' ὅμως
βροντησικέραυνον Περσέα δείσας ἔχω.
ἴσον γὰρ οὗτος εἰ φενακίζων τύχοι,
ἐγὼ τί γενοίμην, τοῦδ' ἀναστάντος πάλιν;
δέδοικ', ἄμεινον μὴ φενακίσας κυροῖ.
φέρ' οὖν ἀνύσω νιν, καὶ κατομόσω καὶ κτανεῖν.
πῶς ἐξ ἴσου γὰρ οὐκ ἂν ἀνσταίη γ' ἐμοί;
οὐδέν μ' ἐλέγχει πλὴν τὸ καθορᾶσθαι μόνον·
τὸ δ' οὐ πάρεστι· τοιγαροῦν, ὦ τᾶν, ἔχων
πρὸς τοῖς παλαιοῖς ἕλκος ἐν μηρῷ νέον,
ὧδ' ἂν βαδίζοις ἐξόδους κοινὰς ἐμοί.

J. R.

Naturliebe.

Wie einst mit flehendem Verlangen
Pygmalion den Stein umschloß,
Bis in des Marmors kalte Wangen
Empfindung glühend sich ergoß,
So schlang ich mich mit Liebesarmen
Um die Natur, mit Jugendlust,
Bis sie zu athmen, zu erwarmen
Begann an meiner Dichterbrust.

Und theilend meine Flammentriebe
Die Stumme eine Sprache fand,
Mir wiedergab den Kuß der Liebe,
Und meines Herzens Klang verstand;
Da lebte mir der Baum, die Rose,
Mir sang der Quellen Silberfall,
Es fühlte selbst das Seelenlose
Von meines Lebens Wiederhall.

SCHILLER.

Fame.

Fame is the spur that the clear spirit doth raise
    (That last infirmity of noble mind)
To scorn delights and live laborious days;
    But the fair guerdon when we hope to find,
And think to burst out into sudden blaze,
    Comes the blind Fury with the abhorred shears,
And slits the thin-spun life.   But not the praise,
    Phœbus replied, and touched my trembling ears.

MILTON.

Vates Amans Naturae.

Ut statuam fertur, miro perculsus amore,
  Pygmalion cupido continuisse sinu,
Donec in amplexus victum mollescere marmor,
  Vivaqve per gelidas currere flamma genas ;
Sic imberbis ego et primo qvom fervidus aestu
  Naturae circum brachia laeta dedi,
Adspirare mihi subitaqve calescere vita
  Incipit, et gremium vatis amare sui,
Incendiqve meis, qvae nuper frigida, flammis,
  Et, qvae vocis egens, omnia posse loqvi,
Nosse mei cordis motus, et, pignus amoris,
  Mile mihi danti basia mile dare.
Tum rosa, tunc arbor mihi vivere ; tum mihi prono
  Rivulus argento suave ciere melos :
Nil non sentiscit, qvamvis sine munere mentis,
  Deqve meae vitae fonte fluenta bibit.

K.

Fama.

Gloria, magnanimi qvi pectoris ultimus error,
Gloria calcar habet qvod adurgeat ignea corda
Delicias sprevisse et acerbos degere soles.
Qvom tamen optato speramus posse potiri
Munere, et in subitam tenebras perrumpere lucem,
Caeca venit Furia atqve invisa forfice vitae
Tenvia fila secat.   Sed non tamen, inquit Apollo,
Illius et laudem ; ac tremulas simul increpat aures.

H. A. J. M.

Winter.

The mill-wheel's frozen in the stream,
    The church is deck'd with holly;
Mistletoe hangs from the kitchen-beam,
    To fright away melancholy;
Icicles clink in the milkmaid's pail,
    Younkers skate on the pool below,
Blackbirds perch on the garden-rail;
    And hark, how the cold winds blow!

There goes the squire to shoot at snipe;
    Here runs Dick to fetch a log;
You'd swear his breath was the smoke of a pipe
    In the frosty morning fog.
Hodge is breaking the ice for the kine;
    Old and young cough as they go;
The round red sun forgets to shine;
    And hark, how the cold winds blow!

                                    HORACE SMITH.

Lines from the German.

Let me wander where she walks
    In the blessed calm of even;
Let me listen when she talks;
    Jove, I envy not thy heaven.

Love within my bosom's cell
Hermit-like doth ever dwell:
    Hope and Joy may leave my heart;
    Love and I will never part.

                                    K.

Hiems.

Stat molae gelatus axis, templa baccae vestiunt :
Viscus ex tigno culinae pendulus curam fugat :
Mulctra glacie stridet, inqve labitur pubes lacu :
Merula subvolat fenestrae : flabra phui frigent, fremunt.

Marcus exit aucupatum ; ligna Dama qvaeritans
Efflat auras in gelatas spiritum fumo parem ;
Thrax secat glaciem iuvencis ; tussiunt pueri et senes ;
Marcet orbe sol rubente ; flabra phui frigent, fremunt.

K.

Amor Inqvilinus.

Sit mihi, qva graditur Lalage mea, saepe vagari,
    Qvom latebras mulcet vesperis alma qvies ;
Sit mihi mellitam Lalages audire loqvelam ;
    Juppiter, invideam non tibi regna poli.

Haeret Amor semper vivitqve in pectore nostro,
    Ceu pius in cari ianitor aede dei.
Spes abeat nobis, abeat fugitiva Voluptas :
    Restat adhuc certo foedere iunctus Amor.

K.

Horatius Cocles.

When the oldest cask is opened,
  And the largest lamp is lit;
When the chestnuts glow in the embers,
  And the kid turns on the spit;
When young and old in circle
  Around the firebrands close;
When the girls are weaving baskets,
  And the lads are shaping bows;
When the goodman mends his armour,
  And trims his helmet's plume;
When the goodwife's shuttle merrily
  Goes flashing through the loom;
With weeping and with laughter
  Still is the story told,
How well Horatius kept the bridge
  In the brave days of old.

MACAULAY.

Wanderer's Nachtlied.

Gentle Peace, whose wand of power
  Lulls to slumber woe and pain,
In affliction's sternest hour
  Thou canst soothe the wildered brain.

Here I wander tempest-driven,
  Seeking comfort, seeking rest;
Child of Heaven,
  Glide, O glide into my breast!

K. (*from* GOETHE.)

Horatius Cocles.

Qvom promta Bacchi est interior nota,
Fulgetqve lampas grandior, et nuces
　　Vivis inardescunt favillis
　　　　Castaneae, verubusqve pingvis

Torqvetur hoedus, qvom iuvenes focum
Festa corona cum senibus fovent,
　　Virgisqve cistellas puellae
　　　　Deproperant, pueriqve formant

Arcus aduncos: qvom reparat pater
Arma, et minacis cornua cassidis
　　Inflectit, et matrona fuso
　　　　Torta trahit radiante pensa,

Flentes recensent non sine risubus
Qvanta ille custos pontis Horatius
　　Virtutis antiqvae futuris
　　　　Ediderit documenta seclis.

　　　　　　　　　　　　　　F. K

Qvies.

Caeli progenies, malas
　　Delenire potens solicitudines,
Et, qvo mens magis angitur,
　　Maiori recreare alma levamine,

Me tot respice taediis
　　Fessum: qvid faciunt omnia luctubus
Alternantia gaudia?
　　O subrepe meo, grata Qvies, sinu.

　　　　　　　　　　　　　　K.

T

The Solitary Poet.

There was a Poet, whose untimely tomb
No human hands with pious reverence rear'd,
But the charm'd eddies of autumnal winds
Built o'er his mouldering bones a pyramid
Of mouldering leaves in the waste wilderness:
A lovely youth!   No mourning maiden deck'd
With weeping flowers, or votive cypress wreath,
The lone couch of his everlasting sleep:
Gentle, and brave, and generous, no lorn bard
Breathed o'er his dark fate one melodious sigh:
He lived, he died, he sung in solitude.
Strangers have wept to hear his passionate notes;
And virgins, as unknown he past, have sigh'd
And wasted for fond love of his wild eyes.
The fire of those soft orbs has ceased to burn,
And Silence, too enamour'd of that voice,
Locks its mute music in her rugged cell.

SHELLEY.

Inscription for a Lighthouse.

Far in the bosom of the deep,
O'er these wild shelves my watch I keep;
A ruddy gem of changeful light
Bound on the dusky brow of night:
The seaman bids my lustre hail,
And scorns to strike his timorous sail.

SCOTT.

Poeta.

Vatem illum rapuit mors inmatura, sepulcroqve
Invidere homines, grati pietate laboris:
Sed desiderio fervens divinitus aura
Desertum celebravit agrum, marcentiaqve ossa
Frondibus auctumni marcente instruxit acervo.
Ah pulcer iuvenis! non virgo maesta cupressum
Votivam inspersit neque flores rore madentes,
Solus ubi aeterna sopitus nocte iacebas.
Tam dulcem periisse virum fortemqve bonumqve
Debita non socius rupit suspiria vates;
Ille canens idem natus moriensqve fefellit.
Ut stetit ut flevit ferventes advena cantus
Aure bibens, visoqve semel, dum praeterit, illo
Flagrantes oculorum aestus mirata puella
Deperit, et lento ignoti tabescit amore.
Nunc teneram longae flammam exstinxere tenebrae,
Lumina diriguere, et in ipsa voce laborans
Includit taciturna cavo Proserpina saxo.

W. G. C.

Pharos loqvitur.

Longinqvo procul in maris recessu
Horrentem excubias ago per oram,
Ceu fulget vario colore gemma
Furvis crinibus inplicata Noctis;
Me si navita viderit rubentem,
Non curat timidum inligare velum.

W. G. C.

Richard.　Elizabeth.

R. Infer fair England's peace by this alliance.

E. Which she shall purchase with still lasting war.

R. Tell her, the king, that may command, entreats.

E. That at her hands which the king's King forbids.

R. Say, she shall be a high and mighty queen.

E. To wail the title, as her mother doth.

R. Say, I will love her everlastingly.

E. But how long shall that title ' ever' last?

R. Sweetly in force unto her fair life's end.

E. But how long fairly shall her sweet life last?

R. As long as heaven and nature lengthens it.

E. As long as hell and Richard likes of it.

R. Say, I, her sovereign, am her subject low.

E. But she, your subject, loathes such sovereignty.

R. Be eloquent in my behalf to her.

E. An honest tale speeds best being plainly told.

R. Then in plain terms tell her my loving tale.

E. Plain and not honest is too harsh a style.

SHAKSPEARE.

The Mother's Stratagem.

While on the cliff with calm delight she kneels,
　And the blue vales a thousand joys recall,
See to the last, last verge her infant steals!
　O fly—yet stir not, speak not, lest it fall.
Far better taught, she lays her bosom bare,
And the fond boy springs back to nestle there.

ROGERS.

Ῥίχαρδος. Ἄνασσα.

P. πατρίδι γάμους τούσδ' εἰπὲ γῇ σωτηρίους.

A. οὔκ· ἀλλὰ παγκαίνιστον ὠνεῖσθαι μόθον.

P. ἱκέτης, λέγ', ἄναξ ἔρχεται, κρατεῖν παρόν.

A. κρατῶν δὲ τοῦ κρατοῦντος ἀντερεῖ Θεός.

P. λέγ' ὡς γεγῶσ' ἄνασσα δεσπόσει μέγα.

A. γέρας γε κωκύσουσα μητρῴοις τρόποις.

P. στέρξω νιν ἆρα τὸν δι' αἰῶνος χρόνον.

A. καὶ τόνδε ποίῳ ξύμμετρον λέγεις χρόνῳ;

P. καλῷ τελείως ξυμμετρούμενον βίῳ.

A. καλὸν δὲ βίον ἥδ' ἐκτενεῖ πόσον χρόνον;

P. ὅσον γε Θεοῦ βουλαῖσι μηκυνεῖ φύσις.

A. ὅσον μὲν οὖν Ῥίχαρδος ἥδ' Ἅιδης ξυνών.

P. λέγ' ὡς κρατῶν περ λάτρις εἰμ' αὐτῆς ἐγώ.

A. σὴ λάτρις αὐτὴ τοῦτ' ἀπέπτυσεν κράτος.

P. μηδὲν λίπῃς μοι μὴ οὐχὶ ποικίλλειν ἔπη.

A. οὐ ποικίλων δεῖ τἄνδιχ' ἑρμηνευμάτων.

P. τοίγαρ καταύδα μηδὲν αἰνικτηρίως.

A. ἁπλοῦς δ' ἆρ' ἀδικῶν δυσφιλὴς ἄγαν λόγος.

P. P.

Mater.

Dum sedet in scopulo mater, vallesqve revisae
    Tot referunt laetos, qvi periere, dies,
Parvus ad extremam rupem prorepserat infans.
    I, rape: siste immo, ne cadat; immo sile.
Haec tamen arte sagax nudat meliore papillas:
    Ponit ibi cupidum redditus erro caput.

W. I.

Sonnet.

This morning timely rapt with holy fire,
  I thought to form unto my zealous Muse
What kind of creature I could most desire
  To honour, serve, and love, as poets use.
I meant the day-star should not brighter rise,
  Nor lend like influence from his lucent seat;
  I meant each softest virtue there should meet,
Fit in that softer bosom to reside.
Only a learned and a manly soul
  I purposed her, that should with even powers
The rock, the spindle, and the shears control
  Of Destiny, and spin her own free hours:
Such when I meant to feign, and wished to see,
My Muse bade Bedford write, and that was she.

BEN JONSON.

The Exile's Return.

Art thou the strand I loved in early days,
The golden beach that saw my childish plays,
Home of my heart, when oceans rolled between,
And still remembered, though so long unseen?
Art thou the strand?   Art thou the strand?
O joy! thou art my own dear Fatherland.

K. (from the German.)

Eucharis.

Matutinus ego prima vel luce iubebam
   Pierin insolito concitus igne meam
Fingere cui servirem, et qvam me vate fidelis
   Cultus et aeternus proseqveretur honos.
Luciferum, dixi, ne surgere pulcrius astrum
   Blandius aut possit spargere sede iubar:
Adsit in hac virtus mollissuma qvaeqve puella,
   Qvas foveat sancto mollior ipsa sinu.
At fortem, dixi, doctamqve huic insere mentem,
   Qvae sibi confidens ipsa suiqve potens
Forcipibusqve suis semper fusisqve fruatur,
   Temperet et fati libera fila sui.
Talem ego qvom cuperem nec posse videre putarem,
   Musa mihi: Ponas Eucharin: ipsa fuit.

G. J. K.

Exsul Redux.

Tune litus es, beati dulcis aevi memoria?
His in aureis arenis parvulus lusi puer?
Te per interiecta toties mens reviserat freta,
Ne diu qvidem relicti non memor manet tui.
Tune litus? tune litus? O voluptas! O qvies!
Te fruor, natalis ora; te saluto, patria.

K.

Ænone.

There lies a vale in Ida, lovelier
Than all the valleys of Ionian hills.
The swimming vapour slopes athwart the glen,
Puts forth an arm, and creeps from pine to pine,
And loiters, slowly drawn.   On either hand
The lawns and meadow-ledges midway down
Hang rich in flowers, and far below them roars
The long brook falling through the cloven ravine
In cataract after cataract to the sea.
Behind the valley topmost Gargarus
Stands up and takes the morning; but in front
The gorges, opening wide apart, reveal
Troas and Ilion's column'd citadel,
The crown of Troas.
                              Hither came at noon
Mournful Ænone, wandering forlorn
Of Paris, once her playmate on the hills.
Her cheek had lost the rose, and round her neck
Floated her hair, or seem'd to float, in rest.
She, leaning on a fragment twined with vine,
Sang to the stillness, till the mountain shade
Sloped downward to her seat from the upper cliff.

O mother Ida, many-fountain'd Ida,
Dear mother Ida, hearken ere I die.
For now the noonday quiet holds the hill;
The grasshopper is silent in the grass;
The lizard, with his shadow on the stone,
Rests like a shadow; and the cicala sleeps.
The purple flowers droop; the golden bee

Aenone.

Phrygia locus sub Ida iacet abditus, aliis
Qvot in Ionum iugis sunt speciosior, ubi aqvae
Vapor ima tranat aegro placide nemora sinu
Pinusqve reptat inter graditurqve pede pigro.
Hinc inde prata pendent viridantia mediis
Scopulis, feraxqve florum nitet irriguus ager,
Resonatqve rivus infra per adesa loca iugi
Laticesqve decidentes ciet ad freta pelagi.
Hinc summa Gargari stant capiuntqve roseam Eo :
Nemorum videntur illinc per aperta columina
Turrita Pergamorum, diademata Phrygiae.
Huc maesta venit Aenone, Hyperione medios
Agitante eqvos, sodali properans sine Paride,
Per aprica qvem iugorum comitem modo habuerat.
Aberat gena rosarum solitus color, humero
Fluitabat in decoro fluitareve placide
Visa est coma adqviescens.   Silici illa miseriter
Innixa vite cincto cecinit tacentibus
Siluae iugis, superno nigra donec ab apice
Properaret umbra rupem tetigisse ubi caneret.

Patria O mea creatrix scatebris rigua vagis,
Genitrix mea Ida vocem morientis adcipe.
Iuga nunc meridiei tenet omnia reqvies,
Silet achetas in herbis, umbram in lapide facit
Similis lacertus umbrae calidoqve iuhare ovat.
Fruitur cicada somno, redolentia capita
Flexere serta florum, mediisqve liliis

U

Is lily-cradled : I alone awake.
My eyes are full of tears, my heart of love,
My heart is breaking, and my eyes are dim,
And I am all aweary of my life.

                              TENNYSON.

The Rose.

Go, lovely rose,
Tell her that wastes her time and me,
  That now she knows,
When I resemble her to thee,
How sweet and fair she seems to be.

Tell her that 's young,
And shuns to have her graces spied,
  That, hadst thou sprung
In deserts where no men abide,
Thou must have uncommended died.

Small is the worth
Of beauty from the light retired :
  Bid her come forth,
Suffer herself to be desired,
And not blush so to be admired.

Then die ; that she
The common fate of all things rare
  May read in thee,
How small a part of time they share,
That are so wondrous sweet and fair.

                              WALLER.

Apis aurea otiatur: sed ego unica vigilo;
Oculi madent fluentes, cruciatqve amor animum;
Animus labascit aeger: tenebrae super oculos;
Taedetqve me tueri superi spatia poli.

R. B.

Rosa.

I rosa, flos florum: qvom te conspexerit illa,
   Qvae tempusqve suum meqve perire sinit,
Se tibi conferri discet me iudice; discet
   Qvam suavis, qvam sit candida, qvamqve placens.

Tuqve mone nympham, qvae primo in vere iuventae
   Virgineum celat plena pudore decus,
Ut clausura tibi, si te loca sola tulissent,
   Exiguum fuerit mors inhonora diem.

Vilius est pretium fugientis lumina formae:
   Prodeat abiecto nympha timore iube,
Seqve coli sinat et cingi mirante corona,
   Nec rubeat curae mile fuisse procis.

Tum morere, ut qvidqvid rari est qvae fata seqvantur,
   Sentiat exemplo docta puella tuo;
Qvam cita pernicies rapiat miracula formae,
   Qvam paucos habeant suavia qvaeqve dies.

K.

Lamentation.

Swifter far than summer's flight,
Swifter far than youth's delight,
Swifter far than happy night,
   Art thou come and gone.
As the earth when leaves are dead,
As the night when sleep is sped,
As the heart when joy is fled,
   I am left lone, alone.

The swallow summer comes again;
The owlet night resumes her reign;
But the wild swan youth is fain
   To fly with thee, false as thou.
My heart each day desires the morrow,
Sleep itself is turned to sorrow,
Vainly would my winter borrow
   Sunny leaves from any bough.

Lilies for a bridal bed,
Roses for a matron's head,
Violets for a maiden dead,—
   Pansies let my flowers be:
On the living grave I bear
Scatter them without a tear;
Let no friend, however dear,
   Waste one hope, one fear for me.

SHELLEY.

———

Auf das Alter.

Das Alter kränket mich; die jungen Jahr' ingleichen;
Zwar jenes, weil es kommt, und diese, weil sie weichen.

OPITZ.

Lamentatio.

Citior longe qvam volat aestas,
Citior qvam lux laeta iuventae,
Citior gratae qvam fuga noctis
Tuqve adiisti, tuqve abiisti.
Foliis qvalis viduatur humus,
Qvalis trahitur nox sine somno,
Qvale fugatis cor deliciis,
Ego solivagus, desertus eo.
Sicut hirundo, redditur aestas,
Nox, strigis instar, solium reparat,
Sed vaga, cygni more, iuventus
Ut tu, perfida, tecumqve fugit.
Mihi lux hodie crastina cordi est;
Non sine luctu sopor ipse redit:
Folia e ramo sumere qvovis
Mea nunc frustra conatur hiems.
Lilia dantur nuptae thalamo;
Rosa matronae caput exornat;
Violas poscit mortua virgo;
Mihi sit violae tricoloris honos.
Vivus tumulor: tumulo detur
Flos sine fletu; neu me socius
    Qvamvis carus
Vanis celebret desideriis.

K.

Qverulus.

Tempora nec senii nec sunt mihi grata iuventae;
  Altera qvod veniunt, altera qvod fugiunt.

K.

The Power of Love.

The winds are high on Helle's wave,
　　As on that night of stormy water,
When Love, who sent, forgot to save
The young, the beautiful, the brave,
　　The lonely hope of Sestos' daughter.
Oh, when at night along the sky
Her turret-torch was blazing high,
Though rising gale and breaking foam
And shrieking sea-birds warned him home;
And clouds aloft and tides below,
With signs and sounds, forbade to go;
He could not see, he would not hear,
Or sound or sign foreboding fear;
His eye but saw that light of love,
The only star it hailed above;
His ear but rang with Hero's song,
" Ye waves, divide not lovers long."
That tale is old; but love anew
May nerve young hearts to prove as true.

BYRON.

Meine Antipathie.

Herzlich ift mir das Lafter zuwider, doppelt zuwider
　　Ift mir's, weil es fo viel fchwaßen von Tugend gemacht.
" Wie? du haffeft die Tugend?"--Ich wollte; wir übten fie
　　alle.
　　Und fo fpräche, will's Gott, ferner kein Menfch mehr davon.

SCHILLER.

Leander.

Aura sonat tumido super Helles aequore, ut illa
    Nocte procellosas qvom furiarat aqvas,
Qvomqve Amor emisit, qvamvis servare per undas
    Emissum juvenem non meminisset Amor.
At formosus erat puer, at fortissumus idem,
    Spes sine rivali Sestidos una nurus.
O ubi de sola splendescit in aera turri
    Taeda puellaris, saeviat aura licet,
Spuma salo licet albescat, volucresqve marinae
    Raucisonis iubeant qvestubus ire domum ;
Desuper hunc nubes, infra licet aestus aqvarum
    Mile vetet signis pergere, mile sonis ;
Cernere non potis est, non vult audire sonosve
    Signave venturos vaticinata metus :
Non oculis qvidqvam nisi flammam adspexit amoris ;
    Sola in sidereo lux ea visa polo :
Non nisi vox Herus tonat auribus : Unda fideles
    Invida ne qvaeras dissociare diu.
Fabula prisca qvidem ; sed Amor iuvenilia tali
    Fors hodie stimulet corda calere fide.

H. A. J. M.

———— ————

Fides.

Qvod tot abest animis mihi displicet, at magis illud,
    Qvod tot inest lingvis, displicet, alma Fides.
Displicet ergo Fides ? Credatur ab omnibus oro,
    Deqve Fide mundus desinat esse loqvax.

K.

Sweet Echo.

Sweet Echo, sweetest nymph, that livest unseen
      Within thy aery shell,
   By slow Meander's margent green,
And in the violet-embroider'd vale,
     Where the love-lorn nightingale
Nightly to thee her sad song mourneth well;
Canst thou not tell me of a gentle pair
     That likest thy Narcissus are?
     Oh, if thou have
Hid them in some flowery cave,
    Tell me but where,
Sweet queen of parley, daughter of the sphere!
So mayst thou be translated to the skies,
And give resounding grace to all heaven's harmonies.

MILTON.

Warnung.

Wecke ben Amor nicht auf! Noch schläft der liebliche Knabe;
   Geh, vollbring' dein Geschäft, wie es der Tag dir gebeut!
So der Zeit bedienet sich klug die sorgliche Mutter,
   Wenn ihr Knäbchen entschläft, denn es erwacht nur zu bald.

GOETHE.

Ἠχώ.

Ἀχοῖ γλυκερά, σέβας ἥδιστον,
πότνια κουρᾶν τᾶν ἀγρονομᾶν
κλῦθ', ὑπὸ κόγχης ἠνεμοέσσης
κρυφία ναίουσ' ἀκτὰν χλοερὰν
ἀκαταρρείτην παρὰ Μαίανδρον,
καὶ ἰοστέφανον βᾶσσαν κατέχουσ',
ἔνθ' ἁ δυσέρως αἰὲν ἀηδὼν
μελέα μελέως ἐλελιζομένα
σοὶ παννύχιον νόμον ὑμνωδεῖ.
μῶν ἀγγελίαν τινὰ καρύξεις,
δισσῶν ἀγανὸν ζεῦγος ἀδελφῶν
πόθι μοι ναίει
σῷ Ναρκίσσῳ πανόμοιον.
εἰ δ' ἀνθοφόρων κρύψασα πετρῶν
κευθμῶσιν ἔχεις, λέγε μοι λέγε μοι
ποῦ ποτε γαίας
δέσποιν' ὀάρων ἱμεροφώνων.
ἀντὶ δὲ τούτων, γένος ἀστέροεν,
πολύαστρον ἔδος μεταμειψαμένη
χάριν εὐκέλαδον ταῖς ἐν Ὀλύμπῳ
θεῶν ἁρμονίαισιν ὀπάζοις.

H. T.

Amor dormiens.

En ubi dormit Amor! Noli turbare puellum;
Gnaviter i studiis, ut sinit hora, vaca.
Sic operi insumit tempus breve sedula mater,
Dum sopor infantem mox abigendus habet.

K.

The Battle of Hohenlinden.

On Linden, when the sun was low,
All bloodless lay th' untrodden snow,
And dark as winter was the flow
    Of Iser, rolling rapidly.

But Linden saw another sight
When the drum beat at dead of night,
Commanding fires of death to light
    The darkness of her scenery.

By torch and trumpet fast array'd,
Each horseman drew his battle-blade,
And furious every charger neigh'd
    To join the dreadful revelry.

Then shook the hills with thunder riven,
Then rush'd the steed to battle driven,
And louder than the bolts of heaven
    Far flash'd the red artillery.

But redder yet that light shall glow
On Linden's hills of stained snow,
And bloodier yet the torrent flow
    Of Iser, rolling rapidly.

'Tis morn, but scarce yon level sun
Can pierce the war-clouds rolling dun,
Where furious Frank and fiery Hun
    Shout in their sulph'rous canopy.

Praelium Lindenium.

Intaminata canduerat nive,
Vergente Phoebo, Lindenium nemus,
    Brumaeqve liventes tenebris
        Ibat agens ferus amnis undas.

Sed nox locorum mutat imaginem,
Qvom tympanorum provocat acrium
    Clangor per inlunes recessus
        Letiferas radiare flammas:

Ad signa taedarum et strepitus tubae
Bellator ensem conripit aeneum et
    Bacchantur hinnitus eqvini
        Terribiles glomerare coetus:

Iam mons tremiscit, iam sonipes ruit
In bella praeceps, et face clarior
    Scindente nimborum tumultus
        Rubra procul tonat ira pugnae.

Sed lux micabit rubrior in nive
Contaminata per iuga collium,
    Auctumqve torrentem cruentis
        Volvet aqvis violentus amnis.

Mane est: at illic vix oriens subit
Sol fusca belli nubila luridi,
    Qva Gallus indignans et Hunnus
        Sulphureis fremit acer armis:

The combat deepens.   On, ye brave,
Who rush to glory, or the grave!
Wave, Munich, all thy banners wave,
    And charge with all thy chivalry!

Few, few shall part where many meet;
The snow shall be their winding-sheet,
And every turf beneath their feet
    Shall be a soldier's sepulchre.
                      CAMPBELL.

L' Usignuolo.

Offesa verginella
Piangendo il suo destino,
Tutta dolente e bella,
Fu cangiata da Giove in augellino,
Che canta dolcemente, e spiega il volo,
E questo è l' usignuolo.
In verde colle udì con suo diletto
Cantar un giorno Amor quell' augelletto,
E del canto invaghito
Con miracol gentil prese di Giove
Ad emular le prove:
Onde poi ch' ebbe udito
Quel musico usignuol che sì soave
Canta, gorgheggia, e stilla,
Cangiollo in verginella; e questa è Lilla.
             FRANCESCO DI LEMENE.

Ite, ite (gliscunt praelia), qveis decus
Debetur aut 'mors: nunc tua, Noricum,
    Nunc signa confer, nunc in hostem
      Fundat eqvos eqvitesqve virtus.

Qvot praeliantum pars qvota militum
Sospes redibit? Funerea teget
    Nix veste caesos, et sepulti
      Qvisqve viri premet ossa caespes.

                  W. F.

Luscinia.

Inmeritos flentem casus vertisse puellam
    Dicitur in volucrem rexqve paterqve deum.
Illa volat, ramoqve sedens suavissuma silvas,
    Nomine Lusciniae cognita, mulcet avis.
Devius in latebris illam nemoralibus olim
    Audiit ambrosium fundere carmen Amor:
Audiit, aeterniqve patris miracula prisca
    Prodigiis credit vincere posse novis.
Iuppiter in volucrem converterat ante puellam;
    Femineo volucrem corpore donat Amor.
Haec est, qvae domitas Orpheo carmine gentes
    Fascinat, Arctoi gloria Linda soli.

                  K.

The Nightingale.

A maiden fair in days of eld
   Bemoaned her hapless fate:
The sire of gods and men beheld
   With eye compassionate.
Forthwith transmuted to a bird,
   Her deftly warbled tale
In many a forest-glade is heard:
   She is—the Nightingale.
It so fell out, one summer's day,
   Beneath a verdant hill,
She tuned her fullest, sweetest lay,
   A consort's heart to thrill.
Love drank the liquid notes, and strove
   From that delicious hour
To work, in rivalry of Jove,
   A deed of equal power.
The bird, whose music rich and rare
   Entranced the listening wind,
He changed into a maiden fair;
   And she is—JENNY LIND.

C. K. H.

Auf den Selius.

Du lebſt nicht, wie du lehrſt; dies ärgert die Gemein'
Daß Lehr' und Leben nicht bei dir ſtimm' überein.
Sie irret; du biſt recht; du zeigeſt uns mit beiden,
Durch Lehren, was zu thun, durch Thaten, was zu meiden.

A. GRYPHIUS.

Ἀηδών.

Πότμον ὀδυρομένην χαλεπὸν περικαλλέα κούρην
  ὄρνιν ἐς ἡδυμελῆ Ζεὺς μετέθηκε πατήρ·
ἡ δὲ κατ᾽ εὐκάρπους θάμνους, γλυκύφωνος Ἀηδών,
  εὐθὺς τεινομέναις ταῖς πτερύγεσσι τρέχει.
τὴν δ᾽ ὀπὶ θέλγουσαν λιγυρῇ πόσιν ἔν ποτε βουνοῦ
  χλωροκόμοις βήσσαις αὐτὸς ἄκουεν Ἔρως·
αἴολα δ᾽ ἐκθαμβῶν μέλεα ζηλήμονι θυμῷ
  ἤθελ᾽ ὑπερβαλέειν θαύματα τοῦ πατέρος.
ἐκ δ᾽ ὄρνιθος ἔθηκε πάλιν περικαλλέα κούρην,
  Δίνδην, Πιερίδων τὴν μελίγηρυν ὄπα.

S. H. B.

Discordia Concors. ·

Qvod male cum norma concordet vita Mathonis
  Plebs qveritur; falso: salva hominis ratio est.
Nempe docent omnes et norma et vita Mathonis,
  Altera, qvid faciant, altera, qvid fugiant.

K.

Marion.

Will ye gae to the ewe-bughts, Marion,
  And wear in the sheep wi' me?
The sun shines sweet, my Marion,
  But nae half sae sweet as thee.

Oh, Marion's a bonnie lass,
  And the blythe blink's in her e'e;
And fain wad I marry Marion,
  Gin Marion wad marry me.

I've nine milch ewes, my Marion,
  A cow, and a brawnie quey;
I'se gie them a' to my Marion
  Just on her bridal day.

OLD SCOTTISH SONG.

The Indian Tree.

They tell us of an Indian tree,
  Which, howsoe'er the sun and sky
May tempt its boughs to wander free,
  And shoot and blossom wide and high,
Yet better loves to bend its arms
  Downwards again to that dear earth,
From which the life, that fills and warms
  Its grateful being, first had birth.
E'en thus, though woo'd by flattering friends,
  And fed with fame (if fame it be),
This heart, my own dear mother, bends
  With love's true instinct back to thee.

Merione.

Qvin huc digrediens, Merione, visis ovilia
Et mecum teneras claudis oves cratibus in suis?
Splendentes liqvido sol radios fundit ab aethere,
Sed tu sole micas splendidior, suaviolum meum.

Primus virginei Merione fulget honor chori,
Claris eiaculans luminibus laetitiae faces:
Ah qvam dulce foret Merionen ducere coniugem,
Si vellet mihi se coniugio noster amor dari.

Tondet vacca mihi cum vitulo gramina pingvia,
Fecundasqve novem, Merione, pascit oves ager:
Qvorum nil tibi non detulero, lux mea, muneri
Qvo mecum venies in casulam nupta meam die.

K.

Arbor Indica.

Fertur, ubi silvas fluvio rigat Indus odoras,
   Arbor inadsuetis crescere mira modis:
Namqve nec ad nitidum protendit brachia caelum,
   Nec patulas aperit sole iubente comas;
Sed magis ad caram ramos vult flectere terram, .
   Matris et in tenero tuta iacere sinu.
Frondis enim fuit haec nutrix custosqve tenellae;
   Hinc decus, hinc vires scit memor esse suas.
Sic me blanditiis comitum si turba dolosis
   Famaqve, seu famae nomen inane, trahat;
Pectore fixa pio species genitricis inhaeret,
   Meqve tenet monitis incola mentis amor.

E. H. G.

Ungrateful Beauty.

Know, Celia, since thou art so proud,
  'Twas I that gave thee thy renown :
Thou hadst in the forgotten crowd
  Of common beauties liv'd unknown,
Had not my verse exhal'd thy name,
And with it imped the wings of fame.

That killing power is none of thine,
  ˙ I gave it to thy voice and eyes ;
Thy sweets, thy graces, all are mine ;
  Thou art my star, shin'st in my skies.
Then dart not from thy borrow'd sphere
Lightning on him that fix'd thee there.

CAREW.

Wishes.

Sweet be her dreams, the fair, the young ;
  Grace, beauty, breathe upon her ;
Music, haunt thou about her tongue ;
  Life, fill her path with honour.

All golden thoughts, all wealth of days,
  Truth, friendship, love surround her ;
So may she smile till life be closed,
  And angel-hands have crown'd her.

BARRY CORNWALL.

Celia superbiens.

Celia, si superbis,
  Me tibi scito decoris si qvid habes parasse:
De grege viliorum
  Una vixisses Venerum, nullo in honore forma,

Ni mea Musa pennis
  Aureae Famae titulos ferre tuos dedisset.
Non tua dos placere,
  Non tua est: voce atqve oculis me tribuente polles:

Qvod decet est meum in te:
  In meo semper rutilas aethere dulce sidus.
Num, mea dona, caelum
  Possidens, in me supera mittis ab arce fulmen?

K.

Votum.

Suavia lacteolae sint somnia virginis; illi
  Gratia purpureum spiret in ora decus;
Inpleat arguta lingvam dulcedine Musa;
  Vita verecundam ditet honore viam.

Cogitet, optet, agat faustum qvodcumqve; fideli
  Possit amicitia, possit amore frui.
Rideat, exacto laetae dum munere lucis
  Cinxerit ambrosium dia corona caput.

K.

Autumn.

The Autumn is old,
The sere leaves are flying;
He hath gather'd up gold,
And now he is dying:
Old age, begin sighing.

The vintage is ripe,
The harvest is heaping;
But some that have sow'd
Have no riches for reaping:
Poor wretch, fall a weeping.

The year's in the wane,
There is nothing adorning;
The night has no eve,
And the day has no morning:
Cold winter gives warning.

The rivers run chill,
The red sun is sinking,
And I am grown old,
And life is fast shrinking:
Here's enow for sad thinking.

HOOD.

Cornish Men.

And shall they scorn Tre, Pol, and Pen,
  And shall Trelawny die?
Then twenty thousand Cornish men
  Will know the reason why.

CORNISH SONG.

Auctumnus.

Spargit deciduas iam gravior comas
Auctumnus, cito qvos struxerat aureis
 Decessurus acervis,
  Et me flere iubet senem.

En nunc uva rubet, messibus horrea
Conplentur; tamen est qvi segetem miser
 Deplorat male tantis
  Respondere laboribus.

Annus non solito flore superbiens
Brumales monitus pallet; adest comes
 Non Aurora diei,
  Non nocti suus Hesperus.

Currit frigidior rivus; abit rubens
Phoebus; vita mihi contrahitur simul,
 Curisqve ipse senescens
  Mecum tristibus ingemo.

W. G. C.

Cornubii.

Εἶτά τις οὐνομάτων πατρίων κλέος ἄμμι πατήσει,
 καὶ θάνατος δαμάσει τὸν φίλον ἄμμιν ἔτην;
οὔ, πρὶν Κορναβικῶν δὶς μυρίοι ἄνδρες ἀπ' ἄντρων
 γνῶσ', εἴτ' οὖν ἀδίκως εἴτε καλῶς τάδ' ἔχει.

J. R.

The Daisy.

There is a flower, a little flower,
  With silver crest and golden eye,
That welcomes every changing hour,
  And weathers every sky.

The prouder beauties of the field
  In gay but quick succession shine,
Race after race their honours yield,
  They flourish and decline.

But this small flower, to Nature dear,
  While moons and stars their courses run,
Wreathes the whole circle of the year,
  Companion of the sun.

It smiles upon the lap of May,
  To sultry August spreads its charms,
Lights pale October on his way,
  And twines December's arms.

The purple heath and golden broom
  On moory mountains catch the gale;
O'er lawns the lily sheds perfume,
  The violet in the vale.

But this bold flow'ret climbs the hill,
  Hides in the forest, haunts the glen,
Plays on the margin of the rill,
  Peeps round the fox's den.

Inest sua gratia parvis.

Parvulus in pratis flos est : nitor ardet ocelli
    Aureus, argento purior albet apex :
Ille vices horae dubias cuiusqve salutat,
    Adspectumqve pati callet utrumqve Iovis.

Qvae magis eximiis decorat splendoribus agrum,
    Florea gens celeri fulget abitqve vice :
Stirps seqvitur stirpem, flos flori fortior instat,
    Qviqve in honore fuit nunc sine honore iacet.

Attamen haec florum Matri dilecta propago,
    Cynthia dum cursum volvit et astra manent,
Innectit foliis anni revolubilis orbem,
    Et comes it rapidis solis ubiqve rotis.

In gremio ridet Maii dilecta voluptas,
    Explicat Augusti sole calente decus ;
Non alia Octobri lampas praelucet eunti,
    Non alia cingi fronde December amat.

Montibus in solis splendescens captat erica
    Flamen, et auratis lenta genista comis ;
Pascua odorato conspergunt lilia flatu,
    Et violam in latebris concava vallis alit.

Flos tamen hic audax colles conscendit, opaco
    Conditur in saltu, tesqva reducta tenet,
Ludit ad inclusum praetexto margine rivum,
    Vulpis et ante cavas exserit ora domos.

Within the garden's cultured round
   It shares the sweet carnation's bed;
And blooms on consecrated ground
   In honour of the dead.

The lambkin crops its crimson gem,
   The wild bee murmurs on its breast,
The blue-fly bends its pensile stem
   Light o'er the sky-lark's nest.

'Tis Flora's page: in every place,
   In every season, fresh and fair,
It opens with perennial grace,
   And blossoms everywhere.

On waste and woodland, rock and plain,
   Its humble buds unheeded rise:
The rose has but a summer-reign;
   The daisy never dies.

J. Montgomery.

Das Wesen des Epigramms.

Bald ist das Epigramm ein Pfeil,
   Trifft mit der Spitze;
   Ist bald ein Schwert,
   Trifft mit der Schärfe;
Ist manchmal auch—die Griechen liebten's so—
Ein klein' Gemäld, ein Strahl, gesandt
Zum Brennen nicht, nur zum Erleuchten.

Klopstock.

Qva variis cultura replet splendoribus hortos,
  Non alia, fragrans ac rosa, parte viget;
Gaudet et exiguo sanctos decorare recessus
  Munere, ne functis debitus absit honor.

Puniceum teneris calycem depascitur agna
  Dentibus; in gremio fulva susurrat apis;
Musca laborantem gracili sub pondere culmum
  Flectit, ubi parvam fingit alauda domum.

Gemma, deae famulata suae, qvocumqve sub axe,
  Qvolibet innascens pulcra recensqve solo,
Pandit inexhaustos anno redeunte nitores:
  Exigua nusqvam rus sine belle viret.

Per scopulos solumqve nemus perqve aeqvora campi
  Illa levat tenerum vix bene visa caput.
Non nisi in aestivo regnat rosa lumine solis;
  Bellis habet domita morte perenne decus.

G. D.

Epigramma qvale sit.

Nunc Epigramma ferit figentis more sagittae;
  Nunc acie, gladii more secantis, agit:
Nunc, ut apud Graecos, qvo lumine picta tabella,
  Vel iubar, inradiat nec tamen urit idem.

K.

Martinmas.

It is the day of Martelmas;
Cups of ale should freely pass.
What though winter has begun
To push down the summer sun?
To our fire we can betake,
And enjoy the crackling brake,
Never heeding winter's face
On the day of Martelmas.

Some do the city now frequent,
Where costly shows and merriment
Do wear the vapourish evening out
With interlude and revelling rout,
Such as did pleasure England's queen,
When here her royal grace was seen;
Yet will they not this day let pass,
The merry day of Martelmas.

When the daily sports be done,
Round the market-cross they run,
Prentice lads and gallant blades
Dancing with their gamesome maids;
Till the beadle, stout and sour,
Shakes his bell, and calls the hour;
Then farewell lad and farewell lass
To the merry night of Martelmas.

Martelmas shall come again,
Spite of wind and snow and rain;
But many a strange thing must be done,
Many a cause be lost and won,

Martini Festum.

Martini rediit sacrum : fluentes
Tempus cervisiae dari culullos.
Qvid si pergat hiems ab arce caeli
Semper deciduum movere solem ?
Nobis ante focos erit sedendum ;
Nos flammis crepitantibus fruemur
Securi niviumqve flaminumqve,
Martini redeunte luce festa.

Est qvi nunc mediam freqventat urbem,
Qva pompae et celebres ubiqve ludi
Fallunt desidis Hesperi vapores
Mimis, saltubus, omnibus cachinnis :
Qvae, regina, tibi fuere cordi,
Qvom nostris modo lusubus favebas.
At non immemor hic boni diei,
Martinus sibi qvem sacrum dicavit.

Post ludos, abeunte sole, circum
Cursantes titubant crucem forensem
Cum saltantibus ebrii puellis
Bibones operaeqve feriati :
Qveis seram gravis impigerqve custos
Campanam monitor qvatit : iubentqve
Iam sese puer invicem et puella
Martiniqve hilarem valere noctem.

Martiniqve iterum dies redibit,
Qvamvis flabra furant nivesqve et imbres.
Sed fient memoranda multa, multi
Stabunt iudicibus cadentqve coram,

Many a tool must leave his pelf,
Many a worldling cheat himself,
And many a marvel come to pass,
Before return of Martelmas.

HERRICK.

The Faithless Knight.

To whom replied King Arthur, much in wrath:
Ah, miserable and unkind, untrue,
Unknightly, traitor-hearted!   Woe is me!
Authority forgets a dying king,
Laid widowed of the power in his eye
That bowed the will.   I see thee what thou art.
For thou the latest left of all my knights,
In whom should meet the offices of all,
Thou wouldst betray me for the precious hilt;
Either from lust of gold, or like a girl
Valuing the giddy pleasure of the eyes.
Yet for a man may fail in duty twice,
And the third time may prosper, get thee hence:
But if thou spare to fling Excalibur,
I will. arise and slay thee with my hands.

TENNYSON.

Ilias.

Immer zerreiſſet den Kranz des Homer, und zählet die Väter
    Des vollendeten ewigen Werks;
Hat es doch Eine Mutter nur, und die Züge der Mutter,
    Deine unsterblichen Züge, Natur.

SCHILLER.

Multus divitias relinqvet Harpax,
Multus se veterator ipse fallet,
Multa vulgus hians stupescet, ante
Martinus sua festa qvam reducet.

K.

Laesa Fides.

Πρὸς ὃν δι᾿ ὀργῆς πικρὸς ἀντηύδησ᾿ ἄναξ·
Ὦ σχέτλιε κωμόθυμε σύ, ψευδὴς λόγοις
ἔργοισι δ᾿ αἰσχρὸς προδοσίᾳ δὲ δοὺς κέαρ.
φεῦ φεῦ· θανουμένου γὰρ ἡ πειθαρχία
ἄνακτος ἴσχει λῆστιν ὀμμάτων ἀκμῆς
τῆς πρόσθε χηρωθέντος, ἣ φρονήματα
ἔκαμπτεν ἀνδρῶν. οἶδά σ᾿ ὅστις εἶ, σὺ γὰρ
λειφθεὶς φίλων μοι λοίσθιος μόνῳ μόνος,
ἐν ᾧ τὰ πάντων χρῆν λατρεύμαθ᾿ ἁρμόσαι,
σύ μ᾿ ἂν προδοίης χρυσέας κώπης πόθῳ,
κέρδους ἐρασθεὶς ἢ προτιμώσης δίκην
κούρης ματαίαν ὀμμάτων φιληδίαν.
ἀλλ᾿ ἔστι γὰρ δὶς μὴ ποιεῖν ἃ χρὴ ποιεῖν
τρίταις δὲ πείραις εὐτυχεῖν, ἄφερπε σύ·
εἰ δ᾿ αὖθις ὀκνεῖς τοῦτ᾿ ἀπορρίψαι ξίφος,
εὐθύς σ᾿ ἀναστὰς αὐτόχειρ ἀποκτενῶ.

H. A. J. M.

Ad Wolfianos.

Pergite Maeonidae pulcram lacerare coronam,
   Diviniqve patres enumerare libri :
Unius est matris certe ; inmortalia vultus,
   O Natura, tui fert documenta liber.

K.

Evening.

It is the hour when from the boughs
  The nightingale's high note is heard;
It is the hour when lovers' vows
  Seem sweet in every whisper'd word;
And gentle winds and waters near
Make music to the lonely ear.
Each flower the dews have lightly wet,
And in the sky the stars are met,
And on the wave is deeper blue,
And on the leaf a browner hue,
And in the heaven that clear obscure,
So softly dark and darkly pure,
Which follows the decline of day,
As twilight melts beneath the moon away.

BYRON.

The Man who had Nought.

There was a man, and he had nought,
  And robbers came to rob him;
He got up the chimney-top,
  And then they thought they had him.

He got down on th' other side,
  And then they could not find him;
He ran fourteen miles in fifteen days,
  And never looked behind him.

GAMMER GURTON.

Vesper.

Iam tempus est, qvo flebilis per arbores
Philomela clara voce mulcet aera ;
Iam tempus est, qvo suaviter silentium
Rumpunt amantes vix loqvente murmure ;
Auraeqve lenes proxumusqve fons aqvae
Fundunt canoros auribus vagis modos ;
Nunc irrigatur qvisqve rore flosculus,
Nunc astra convenere per caeli vias,
Gliscit per altum caerulus splendor mare,
Superqve silvas crescit umbra nigrior,
Cerniqve visa vel per obscurum poli
Lux inter almas purior caligines,
Qvalis cadentis occupat solis vices
Qvom luna noctis dissipat crepuscula.

H. J. H.

Οὐδὲν ἔχων.

Ἄισομαι ἄνδρα πενιχρὸν ἀνείμονα, τόν ποτε κλέπται
λωποδυτεῖν ἔσπευδον· ἔβη δὲ πρὸς αἰετὸν ἄκρον,
οἱ δ᾽ ἄρ᾽ ἔχειν εὔχοντο· κάτω δ᾽ ἑτέρῃ καταδύντος
ἤμπλακον· αὐτὰρ ἔπειτ᾽ ὀκτωσταδίους ὅγε φεύγων
ἤμασιν ἐν δεκάπεντε δρόμους ἐτάνυσσε δὶς ἑπτὰ
ὦκα θέων· ὁ γὰρ οὔτι μετατροπαλίζετο φεύγων.

R. S.

Parisina.

But it is not to list to the waterfall
That Parisina leaves her hall;
And it is not to gaze on the heavenly light
That the lady walks in the shadow of night;
And if she sits in Este's bower,
'Tis not for the sake of its full-blown flower;
She listens—but not for the nightingale,
Though her ear expects as soft a tale.
There glides a step through the foliage thick,
And her cheek grows pale, and her heart beats quick;
There whispers a voice through the rustling leaves,
And her blush returns and her bosom heaves:
A moment more, and they shall meet;
'Tis past—her lover's at her feet.

BYRON.

Masque.

Spring all the graces of the age,
   And all the loves of time;
Bring all the pleasures of the stage,
   And relishes of rhyme;
Add all the softnesses of courts,
The looks, the laughters, and the sports;
And mingle all the sweets and salts,
That none may say, The triumph halts.

BEN JONSON.

Parisina.

At non egreditur foribus Parisina superbis
  Audiat ut strepitum desilientis aqvae;
Nec vaga nigrantes regina perambulat umbras
  Aurea nocturni spectet ut astra chori:
Sive sedet mediis umbrosae in floribus Estes,
  Non est expliciti germinis illud opus;
Exspectatqve sonos et dulcia murmura qvamqvam,
  Non desiderio vox, Philomela, tua est.
Pes novus e spissa foliorum adlabitur umbra,
  Inqve sinu tremor est pallueruntqve genae;
Iamqve novum repetunt virgulta sonantia murmur,
  Inqve genis rubor est intumuitqve sinus.
Convenient, breve momentum modo fugerit, ambo:
  Fugit: amantis amans sternitur ante pedes.

H. T.

Pompa.

En age fer Veneres qvotqvot nova secla crearint,
  Luserit et toto tempore qvidqvid Amor:
Adde voluptates, qvas nobis scena paravit,
  Qviqve subest numeris carminibusqve lepor.
Confer et inlecebras, regum qvibus adfluit aula,
  Vultusqve et risus, ludicra mixta iocis.
Dulcia cum salibus sic confundantur, ut absit
  Vox ea: Proh claudo qvam pede pompa venit.

F. E. G.

A A

Take, oh take those lips away.

Take, oh take those lips away,
   That so sweetly were forsworn;
And those eyes, the break of day,
   Lights that do mislead the morn:
But my kisses bring again,
Seals of love, but sealed in vain.

Hide, oh hide those hills of snow,
   Which thy frozen bosom bears,
On whose tops the pinks that grow
   Are of those that April wears:
But first set my poor heart free,
Bound in those icy chains by thee.

                        SUCKLING.

Inscription on a Boat.

They say that I am small and frail,
   And cannot live in stormy seas.
It may be so; yet every sail
   Makes shipwreck in the swelling breeze.

Nor strength nor size can then hold fast,
   But Fortune's favour, Heaven's decree.
Let others trust in oar and mast,
   But may the gods take care of me!

            C. MERIVALE (*from the Greek*).

Deprecatio.

Aufer hinc procul ista tam dulce perfida labra:
Aufer hinc oculos procul, solis instar oborti,
Luce qvi poterunt sua mane ludere primum:
At refer mihi basia heu signa non rata amoris.

Conde pectore qvi super, conde sis, glaciali
Vertices nivei tument, summa qvae iuga flores
Educant roseos qvibus se coronat Aprilis:
Haec tamen prius algidis solve corda catenis.

R. S.

Inscriptio Phaseli.

At tenuis, narrant, at sum male firma carina;
   At rabidi neqveo verbera ferre sali.
Sim tenuis, sim firma parum: tamen omnis in alto
   Naufragium Borea flante carina facit.

Tum nec magna tenet moles, nec qvernea transtra,
   Sed fortuna favens et sua fata, ratem.
Cetera confidat malis remisqve caterva;
   Tutantes adsint dii mihi: sospes ero.

K.

The Silent Land.

Into the Silent Land!
Ah, who shall lead us thither?
Clouds in the evening sky more darkly gather,
And shatter'd wrecks lie thicker on the strand.
Who leads us with a gentle hand
    Thither, oh thither,
    Into the Silent Land?

Into the Silent Land!
To you, ye boundless regions
Of all perfection, tender morning visions
Of beauteous souls, eternity's own band.
Who in life's battle firm doth stand,
Shall bear hope's tender blossoms
    Into the Silent Land.

O Land! O Land!
For all the broken-hearted
The mildest herald by our fate allotted
Beckons, and with inverted torch doth stand,
To lead us with a gentle hand
Into the land of all the great departed,
    Into the Silent Land!

              LONGFELLOW (*from the German of* SALIS).

The Lover's Wish.

Sleep dwell upon thine eyes, Peace in thy breast!
Would I were Sleep and Peace, so sweet to rest.

              SHAKSPEARE.

Νήνεμος Αἶα.

Νήνεμον ζητοῦμεν αἶαν· τίς πρόεισιν ἡγεμών;
ἑσπέρα μελαντέροισι νέφεσι συσκιάζεται,
πανταχῇ δ᾽ ἔρρωγεν ἀκτὴ ναυτικοῖς ἐρειπίοις·
νήνεμον τίς ἡμὶν εἰς γῆν πρευμενῶς ἡγήσεται;
νηνέμους ποθοῦμεν ἑδράς, παντελεῖς, ἀτέρμονας,
ἀφθίτων καλῶν θ᾽ ἑῶα πνευμάτων ὀνείρατα·
ὃς γὰρ ἐν βίου μάχαισιν ἔμπεδον στήσῃ πόδα,
νήνεμον φέρει πρὸς αἶαν ἐλπίδος φίλον γάνος·
χαῖρε γαῖα χαῖρ᾽· ὁ γάρ τοι πᾶσι τοῖς δυσαθλίοις
ἠπιώτατος βροτοῖσιν ἐκ θεῶν πεπρωμένος
προσκαλεῖ κῆρυξ, σταθεὶς τε δᾳδ᾽ ἄνω κάτω τρέπων
χειρὶ μαλθακῇ προφαίνει πρευμενῶς ἡγούμενος
τῶν πάλαι κλεινῶν ἐς ἀκτὴν νηνέμου τ᾽ αἶας πέδον.

K.

Amantis Votum.

Somnus in tua lumina,
Pax tibi fluat in sinum :
Somnus ipse forem lubens,
Ipse Pax, ita mellea
    Dum qviete potirer.

K.

The Primrose.

Ask me why I send you here
This firstling of the infant year;
Ask me why I send to you
This primrose all bepearl'd with dew;
I straight will whisper in your ears,
The sweets of love are wash'd with tears.

Ask me why this flower doth show
So yellow, green, and sickly too;
Ask me why the stalk is weak,
And bending, yet it doth not break;
I must tell you, these discover
What doubts and fears are in a lover.

CAREW.

Serenade.

Hark, hark, the lark at heaven's gate sings,
  And Phœbus 'gins arise,
His steeds to water at those springs
  On chaliced flowers that lies:
And winking marybuds begin
  To ope their golden eyes;
With every thing that pretty bin;
  My lady sweet, arise.

SHAKSPEARE.

Primula Veris.

Qvaeris cur tibi muneri
   Sic anni dederim primitias novi,
Cur hic flos tibi venerit,
   Primi veris honos, roribus emicans?—

Qvas dat delicias Amor,
   Illas, crede mihi, fletubus inrigat.—
Qvaeris cur ita pallidus
   Aegrescat viridi lumine flosculus;

Culmo cur tenero nimis
   Flectatur, neqve adhuc fractus humi cadat?—
Haec te, crede mihi, docent
   Ut spes inter Amor pendeat et metus.

                               K.

Surgere iam Tempus.

Audisne? caeli iam canit ad fores
Alauda: iam sol deseruit torum,
   Et flore sub clauso latentes
      Suadet eqvos reserare fontes.

Iam semiapertos pandere calthulae
Gaudent ocellos: qvidqvid amat Venus
   Iam surgit: O tandem morantes
      Discutias, mea vita, somnos.

                              R. S.

To the Redbreast.

Unheard in summer's flaring ray,
  Pour forth thy notes, sweet singer,
Wooing the stillness of the autumn day;
  Bid it a moment linger,
      Nor fly
Too soon from winter's scowling eye.

The blackbird's song at eventide,
  And her's who gay ascends,
Filling the heavens far and wide,
  Are sweet; but none so blends
      As thine
With calm decay and peace divine.

KEBLE.

Shylock.

B. This is no answer, thou unfeeling man,
    To excuse the current of thy cruelty.
S. I am not bound to please thee with my answer.
B. Do all men kill the things they do not love?
S. Hates any man the thing he would not kill?
B. Every offence is not a hate at first.
S. What, wouldst thou have a serpent sting thee
      twice?

SHAKSPEARE.

Ad Rubeculam.

O qvae muta sedes, sol ubi fervidis
Aestivum radiis occupat aera,
　　Nunc, arguta volucris,
　　　　Desuetum repara melos,

Auctumniqve diem compositam tuis
Capta carminibus, ne nimium cito
　　Torvae lumina brumae
　　　　Formidans fugiat retro.

Sub noctem merulae suave sonant modi;
Nec non suave sonant illius illius,
　　Qvae summas petit auras
　　　　Et lati spatia aetheris

Inplet laetitia: neutra tamen mihi
Tam morti placidae consona, tam piae
　　Concordare videtur
　　　　Paci qvam tua carmina.

R. B.

Vindicta.

B. Ἀλλ' οὐδὲ τοῦτο τοὖπος, ὦ σκληρὸν κάρα,
　　λύει σε μὴ οὐχὶ λῆμ' ἀθώπευτον κλύειν.
Σ. οὐ δεῖ με φωνεῖν πάντα σοὶ πρὸς ἡδονήν.
B. ἔκτεινε γάρ τις εὐθέως ἃ μὴ φιλ' ᾖ;
Σ. ἤχθηρε γάρ τις ταῦθ' ἃ μὴ κτείνειν θέλει;
B. οὐ πᾶν γε νεῖκος εἰς ἅπαξ ἐχθρὰν φύει.
Σ. δὶς γὰρ σὺ πληγείης ἂν ἐξ ὄφεως ἑκών;

T. C. B.

B B

The Twin Gods.

And all the people trembled,
  And pale grew every cheek;
And Sergius the high pontiff
  Alone found voice to speak:

The gods, who live for ever,
  Have fought for Rome to-day!
These be the great Twin Brethren
  To whom the Dorians pray.

Back comes the chief in triumph,
  Who in the hour of fight
Hath seen the great Twin Brethren
  In harness on his right.

Safe comes the ship to haven
  Through billows and through gales,
If once the great Twin Brethren
  Sit shining on the sails.

MACAULAY.

Juliet.

O God, I have an ill-divining soul;
Methinks I see thee, now thou art so low,
As one dead in the bottom of a tomb:
Either my eyesight fails, or thou lookst pale.

SHAKSPEARE.

Dioscuri.

Grande portentum stupuere vici:
Pallidum tota pavet urbe vulgus:
Pontifex solus tremulo profatur
        Sergius ore.

Omne viventes superi per aevum
Hoc die Romae pepulere cladem;
Bina, qvae Dores venerantur, haec sunt
        Numina Fratrum.

Dux redit claro celebris triumpho,
Qvisqvis ad dextram, medius duelli,
Aureis vidit nitidos in armis
        Stare Gemellos:

Perque flabrorum pelagiqve motus
Sospes in portum redit illa navis,
Cui super malum gemino coruscant
        Sidere Fratres.

                                K.

Julietta.

Φεῦ· κακῶν πρόμαντίς εἰμι, κἀπ᾿ ἄκρων δόμων
ὁρᾶν δοκῶ κλιθέντα σ᾿ ἐν τύμβου βάθει
νεκρόν τιν᾿ ὥσπερ, καὶ πρόσωπον ὠχρὸς εἶ,
εἰ μὴ τόδ᾿ ὄμμα τυγχάνει φηλούμενον.

                               C. T. N.

' *The Rose.*

As late each flower that sweetest blows
  I plucked, the garden's pride,
Within the petals of a rose
  A sleeping Love I spied.

Around his brows a beamy wreath
  Of many a lucent hue;
All purple glowed his cheek beneath,
  Inebriate with dew.

I softly seized the unguarded Power,
  Nor scared his balmy rest;
And placed him, caged within the flower,
  On spotless Sara's breast.

But when, unweeting of the guile,
  Awoke the prisoner sweet,
He struggled to escape awhile,
  And stamped his faery feet.

Ah, soon the soul-entrancing sight
  Subdued the impatient boy;
He gazed; he thrilled with deep delight;
  Then clapped his wings for joy.

Ῥόδον.

Ἁπαλὸν λόχευμα κήπου,
ὅσα φύεται γλύκιστα
ἔδρεπον μὲν ἐχθὲς ἄνθη·
πετάλων δ' ἔσωθεν εἶδον
ῥοδινῶν ὑπνῶντ' Ἔρωτα.
κροτάφοις μὲν ἀμφιπλέξας
στεφανίσκον εἶχε καλόν,
πολυδαίδαλον, φαεινόν·
ὑποπόρφυρος δ' ὑπ' αὐτῷ
ἀλέαινεν ἡ παρεία,
γεγανυμένη δρόσοισι·
χερὶ δ' αὖτ' ἔγωγε κούφῃ
ἀφύλακτον ὧδ' ἔμαρψα,
κατὰ μὲν σχίσαι φυλάξας
μελιτουμένους ὀνείρους,
ἐνὶ δ' ἀμβρότοισι κόλποις
κατέθηκ' ἐμῆς Κορίννης.
ὅτε δ', οὐ δόλον συνειδώς,
ἀνεγείρεθ' οὑπιχαρτός,
ἐθέλων τότ' ἐκλυθῆναι
περιεστράφη τὸ πρῶτον,
χαλέπαινέ τ', ἐμπαλαχθείς,
χλιδανοσφύροις ποδίσκοις·
μάλα δ' ὦκα παιδὸς ἦτορ
κεχαρισμένον θέαμα
παρέθελξεν ἀσχαλῶντος·
τὸ δ' ἄρ' ὡς ἴδ', ὡς ἀνέπτη
ὑπὸ χαρμονῆς βαθείας,
πτέρυγας δ' ἔσεισ' ἰανθείς.
τίσι γὰρ τέχναισι, φησί,
τόδ' ἐπηράτων ἐπωδῶν

"And oh!" he cried, " of magic kind
    What charms this throne endear!
Some other Love let Venus find—
    I'll fix my empire here."

COLERIDGE.

Nähe des Geliebten.

Ich denke bein, wenn mir der Sonne Schimmer
    Vom Meere strahlt;
Ich denke bein, wenn sich des Mondes Flimmer
    In Quellen mahlt.

Ich sehe bich, wenn auf bem fernen Wege
    Der Staub sich hebt;
In tiefer Nacht, wenn auf bem schmalen Stege
    Der Wandrer bebt.

Ich höre bich, wenn bort mit bumpfen Rauschen
    Die Welle steigt;
Im stillen Haine geh' ich oft zu lauschen
    Wenn alles schweigt.

Ich bin bei bir, bu seyst auch noch so ferne,
    Du bist mir nah;
Die Sonne sinkt, balb leuchten mir bie Sterne,
    O wärst bu ba!

GOETHE.

Old Maxim.

Early to bed, and early to rise,
Makes a man healthy and wealthy and wise.

καταγώγιόν με σαίνει;
σὺ δ' Ἔρωτα δή τιν' ἄλλον,
Κύπρι, λοιπὸν ἂν μετέλθοις·
ὅδ' ἐγὼ γὰρ ἐνθάδ' ἄρξω.

J. R.

Recordatio.

Sum memor, alma, tui, qvando reddentia solem
    Marmora vasta micant;
Sum memor et qvando lunae pallentis imago
    Picta sub amne tremit.

Te video, tortus qvom surgit in aere pulvis,
    Qva via lata patet;
Qvomqve iter angustum media de nocte viator
    Protenus ire tremit.

Audio te, qvando super undam raucior unda
    Litore fracta gemit:
Saepe tibi densis ausculto solus in umbris,
    Qvom silet omne nemus.

Et tibi sum, qvamvis absis procul ipsa, propinqvus,
    Tuqve propinqva mihi:
Sol cadit; effulgent subito mihi sidera: te nunc,
    Te mea vota petunt.

K.

Vetus Sapientia.

Mane novo surge et dormitum i vespere primo:
    Sic validus, sapiens, deniqve dives eris.

H. J. H.

To a Faithless Mistress.

I loved thee once, I'll love no more ;
  Thine be the grief, as thine the blame :
Thou art not what thou wast before :
  What reason I should be the same ?
He that can love unloved again
Hath better store of love than brain :
God send me love my debts to pay,
While unthrifts fool their love away.

Nothing could have my love o'erthrown,
  If thou hadst still continued mine ;
Yea, if thou 'dst still remained thine own,
  I might perchance have yet been thine :
But thou thy freedom didst recall,
That it thou mightst elsewhere enthral ;
And then how could I but disdain
A captive's captive to remain ?

AYTOUN.

Epitaph of a Quarrelsome Woman.

Here lies, thank Heaven, a woman who
Quarrelled and stormed her whole life through :
Tread gently o'er her mouldering form,
Or else you 'll rouse another storm.

WECKHERLIN.

Ad Puellam Perfidam.

Olim ego fidus amans, nunc te dedignor amare;
　　Tuqve dole, nam tu caussa doloris eras.
Non mea, ceu nuper, sed jam nova nympha videris:
　　Cur, te mutata, non qvoqve muter ego?
Qvi toties spretus flamma captatur eadem,
　　Hic bene fidus amans sed male sanus erit.
Det mihi, qvo solvam mea debita, numen amorem;
　　Effluat incautis inmoderatus amor.
Nulla meam poterat saevi fallacia fati,
　　Dum mea restares, inminuisse fidem:
Sive tui juris, nulliqve addicta, maneres,
　　Nunc qvoqve, nunc possem forsitan esse tuus.
Qvom tamen adserta tu libertate parares
　　Protenus alterius subdere colla iugo,
Hoc mihi servitium fastidia nonne moveret,
　　Ut paterer captae vincula captus herae?

F. K.

Epitaphium Jurgiosae.

Diis iacet hic faustis muliercula, cui sua vita
　　Nil nisi tempestas una furorqve fuit.
Huic super ossa levis vestigia pone, viator,
　　Ne redeat fracto clausa procella solo.

K.

c c

The Architect of Hell.

                              The ascending pile
Stood fixed her stately height; and straight the doors,
Opening their brazen folds, discover wide
Within her ample spaces, o'er the smooth
And level pavement: from the arched roof,
Pendent by subtle magic, many a row
Of starry lamps, and blazing cressets, fed
With naphtha and asphaltus, yielded light
As from a sky.   The hasty multitude
Admiring enter'd; and the work some praise,
And some the architect: his hand was known
In heaven by many a tower'd structure high,
Where sceptred angels held their residence,
And sat as princes; whom the supreme King
Exalted to such power, and gave to rule,
Each in his hierarchy, the orders bright.
Nor was his name unheard or unadored
In ancient Greece; and in Ausonian land
Men call'd him Mulciber; and how he fell
From heaven, they fabled, thrown by angry Jove
Sheer o'er the crystal battlements: from morn
To noon he fell, from noon to dewy eve,
A summer's day; and with the setting sun
Dropp'd from the zenith like a falling star,
On Lemnos, the Ægean isle: thus they relate,
Erring; for he with this rebellious rout
Fell long before; nor aught avail'd him now
To have built in heaven high towers; nor did he scape
By all his engines, but was headlong sent
With his industrious crew to build in hell.

                                        MILTON.

Mulciber.

Postqvam summus apex moli superadstitit, exin
Dissiluit valvis bipatentibus aerea porta :
Apparet domus intus, et atria longa patescunt
Instratiqve solo lapides : laqvearibus altis,
Artis opus magicae, dependent ordine multo
Lumina lychniqve et stellarum imitamina taedae,
Qvae piceo asphalti naphthaeqve bitumine pastae
Diffundunt iubar aetherium.   Raptim inruit agmen
Mirantum : hi tollunt opus ipsum laudibus, illi
Artificem.   Artificis dextram confessa magistram
Stabant per caelum turrita palatia passim :
Illic in solio sceptris armata sedebant
Numina, sacrorum series nitidissuma regum,
Qveis summus Princeps rerum mandarat habenas
Ordine cuiqve suo tractare.   Neqve illius olim
Nomen inauditum Graiis, nec Graia silebant
Carmina : Mulciberum dixerunt Ausones, utqve
Deciderit caelo, decantavere poetae,
Per crystallina pinnarum fastigia praeceps
Ab Jove deturbatus : Eoo a sole deorsum
Ad medium, sole a medio rorantia ad astra
Aestivum cadit usqve diem ; vergenteqve Phoebo,
Labens aetherio de vertice sideris instar
Incidit Aegaeae Lemno.   Sic fabula mendax
Scilicet : ille autem turba stipante rebelli
Ante diu cecidit : neqve enim iam profuit olli
Aerias caelo turres struxisse, fugamqve
Fabrica nulla dabat, qvin ipse volutus ad umbras
Artificemqve trahens turbam aedificaret in Orco.

T. S. E.

Eve.

With thee conversing, I forget all time,
All seasons, and their change; all please alike.
Sweet is the breath of morn, her rising sweet,
With charm of earliest birds; pleasant the sun,
When first on this delightful land he spreads
His orient beams, on herb, tree, fruit, and flower,
Glistering with dew: fragrant the fertile earth
After soft showers; and sweet the coming on
Of grateful evening mild; then silent night,
With this her solemn bird; and this fair moon,
And these the gems of heaven, her starry train.
But neither breath of morn, when she ascends
With charm of earliest birds; nor rising sun
On this delightful land; nor herb, fruit, flower,
Glistering with dew; nor fragrance after showers;
Nor grateful evening mild; nor silent night,
With this her solemn bird; nor walk by moon,
Or glittering star-light, without thee is sweet.

MILTON.

An *.

Theile mir mit, was du weißt; ich werd' es dankbar emp=
    fangen
    Aber du gibst mir dich selbst: damit verschone mich,
    Freund.

SCHILLER.

Eva loqvitur.

Σοὶ δὴ ξυνοῦσαν ἐν λόγων κοινωνίᾳ
χρόνος διελθὼν λανθάνει μ᾽, ὥρα δέ μοι
ἄπασ᾽ ὁμοίως σοῦ παρόντος ἀνδάνει.
ἕω μὲν ἡδὺ πνεῦμ᾽, ὁπηνίκ᾽ ὀρνέων
ἀνέχουσα κινεῖ πρωιαίτατον μέλος·
τερπνὸν δ᾽ ἄρ᾽ ἀντέλλοντος ἡλίου σέλας,
ὁπόταν ἐῴαν τῇδ᾽ ἐπιρραίνῃ χθονὶ
ἀκτῖνα, δένδροις, ἄνθεσιν, καρπῷ, χλόῃ,
λαμπρὰν δρόσον στάζουσιν· εὐώδης δ᾽ ἄρα
ἡ παμφόρος γῆ μειλιχους ὄμβρους μέτα·
ἡδεῖα δ᾽ ἀγανῆς ἑσπέρας ἐπήλυσις·
κἄπειτα νὺξ ἄφωνος, ἥ τε νύκτερος
ὄρνις ξυνήθης, καὶ σεληναῖον φάος,
ξὺν τῇδ᾽ ὀπαδῶν μυρίων ὁμηγύρει,
τοῖς ἀστερωποῖς οὐρανοῦ ποικίλμασιν.
ἀλλ᾽ οὔθ᾽ ἑῷα πνεύμαθ᾽, ἡνίκ᾽ ὀρνέων
ξὺν πρωτομόλπων ὄρνυται μελῳδίᾳ·
οὔθ᾽ ἥλιος γῆν τήνδε προσγελῶν φάει,
οὐ καρπός, ἄνθη, δένδρα καὶ χλόη δρόσου
στίλβοντ᾽ ἐπιρροαῖσιν, οὐκ εὐοσμία
χθονὸς μετ᾽ ὄμβρον, οὐδ᾽ ἔκηλος ἑσπέρα,
οὐ νὺξ ἄφωνος ἠθάδι ξὺν ὀρνέῳ,
οὔ μοι σελήνη νυκτέρῳ πλανωμένη
οὐδ᾽ ἀστερωπὸν φῶς ἄνευ σέθεν γλυκύ.

G. J. K.

Munus Ingratum.

Des mihi doctrinam, referam, doctissume, grates:
Sed teipsum mihi das; hoc tibi munus habe.

K.

The Poet's Song.   ·

The rain had fallen; the Poet arose,
   And pass'd by the town, and out of the street;
A light wind blew from the gates of the sun,
   And waves of shadow went over the wheat.
And he sat him down in a lonely place,
   And chanted a melody loud and sweet,
That made the wild swan pause in her cloud,
   And the lark drop down at his feet.

The swallow stopt as he hunted the bee,
   The snake slipt under a spray,
The wild hawk stood with the down on his beak,
   And stared with his foot on the prey;
And the nightingale thought: I have sung many songs,
   But never a one so gay;
For he sings of what the world will be
   When the years have died away.

TENNYSON.

Lines in a Lady's Album.

Small service is true service, while it lasts;
   Of humblest friends, bright creature, scorn not one:
The daisy, by the shadow which it casts,
   Protects the lingering dewdrop from the sun.

WORDSWORTH.

Poetae Cantilena.

Deciderant imbres : liqvit conclave poeta ;
  Praeteriitqve urbem deseruitqve vias.
Adflat ubi levior solis de limine ventus,
  Et tremit umbrarum fluctubus alta Ceres,
Huc veniens sola solus statione resedit,
  Et cecinit longum dulcifluumqve melos ;
Qvo stupet haerescens media inter nubila cygnus,
  Et cadit ante ipsos vatis alauda pedes :
Qvin et apes agilis venandi cessat hirundo,
  Sub frondis coluber tegmine delituit ;
Constitit obductus falco lanugine rostrum,
  Et stupuit, captam dum pede pressat avem.
Carmina multa qvidem, dixit philomela, profudi ;
  Sed nunqvam cecini tam geniale melos ;
Scilicet hic cantat qvid sit tellure futurum,
  Qvom vetus annorum clauserit orbis iter.

K.

Munus Exiguum.

Amotus minumum ne temnat vultus amicum,
  Exiguum vero munus amore iuvat.
Ipse brevi rorem defendit flosculus umbra,
  Ne nimio sitiens sorbeat igne dies.

W. W. H.

Milton.

Milton! thou should'st be living at this hour;
  England hath need of thee; she is a fen
  Of stagnant waters; altar, sword, and pen,
  Fireside, the heroic wealth of hall and bower,
Have forfeited their ancient English dower
  Of inward happiness.   We are selfish men:
  Oh! raise us up, return to us again,
  And give us manners, virtue, freedom, power.
Thy soul was like a star, and dwelt apart;
  Thou had'st a voice whose sound was like the sea;
  Pure as the naked heavens, majestic, free.
So didst thou travel on life's common way
  In cheerful godliness; and yet thy heart
  The lowliest duties on herself did lay.

WORDSWORTH.

The absent Rose.

Why is it that on Clara's face
The lily only has a place?
Is it that the absent rose
Is gone to paint her husband's nose?

ELEGANT EXTRACTS.

Ad Miltonum.

Miltone, vellem nunc qvoqve viveres:
Te nostra, te nunc postulat Anglia:
    Qvae, more coenosae paludis,
        Stagnat iners.   Sine castitate

Qvid ara et ensis, pluma, focus, valent?
Qvo fugit aulae gloria?   Qvo casae
    Pax alma?   Qvid priscae qvietis
        Angliaci retinent penates?

Gens prava nobis consulimus.   Redi et
Dilapsa prudens secla redintegra:
    Da clara libertas, pudici
        Da redeant sine labe mores,

Et vera virtus firmaqve viribus
Justis potestas.   Mens tua lumine
    Fulgebat, ut sidus, remoto;
        Vox tua, ceu pelagi, sonabat:

Stabas aperto purior aethere,
Peiusqve leto servitium timens,
    Sincera maiestas: Deiqve
        Muneribus modicis fruentem

Tutum per omnes te tua sanctitas
Traduxit annos.   Nec tamen inmemor
    Qvid cuiqve deberes, in horas
        Omnibus officiis vacabas.

                                   K.

Rosa fugitiva.

Clarissae faciem cur tantum lilia pingunt?
    An coniugis naso rosas tradidit illa suas?
             D D   K.

The Recall.

Come again, come again!
Sunshine cometh after rain.
As a lamp fed newly burneth,
Pleasure, who doth fly, returneth,
Scattering every cloud of pain.
As the year, which dies in showers,
Riseth in a world of flowers,
Call'd by many a vernal strain,
Come thou, for whom tears were falling,
And a thousand tongues are calling;
Come again, oh come again!
Like the sunshine after rain.

BARRY CORNWALL.

Sonnet.

Shall I compare thee to a summer's day?
Thou art more lovely and more temperate:
Rough winds do shake the darling buds of May,
And summer's lease hath all too short a date:
Sometime too hot the eye of heaven shines,
And often is his gold complexion dimm'd;
And every fair from fair sometime declines,
By chance, or nature's changing course, untrimm'd.
But thy eternal summer shall not fade,
Nor lose possession of that fair thou owest;
Nor shall Death brag thou wander'st in his shade,
When in eternal lines to time thou growest:
So long as men can breathe, or eyes can see,
So long lives this, and this gives life to thee.

SHAKSPEARE.

Dulces Reditus.

Redi, redi nunc; redditur sol imbribus peractis.
Ut lampas ignibus novis redintegrata flagrat,
Sic dissipatis nubibus fugax redit voluptas.
Ut, inter imbres qvi cadit, novus resurgit annus
Veris vocante florei canore, sic redi tu,
Qvem mile flerant lacrumae, vocantqve mile lingvae.
Redi, redi nunc, ut redit sol imbribus fugatis.

K.

Musa vetat mori.

Ten' licet aestivae componere, vita, diei?
   At tu temperie candidiore nites.
Maii deliciae flores rapiuntur ab Euris,
   Et spatia aestati sors dedit arcta nimis.
Interdum nimio Titan fulgore calescit,
   Aureus interdum deficit oris honor.
Pulcraqve nunc rerum vicibus, nunc turbine fati
   Omnia mutantur, nec, velut ante, placent.
Sed tibi qvod pulcri est nullo defecerit aevo;
   Luce neqve aestatis destituere tuae.
Nunqvam vana suis te Mors adscripserit umbris,
   Sed tuus aeterno carmine crescet honos.
Dum spirant homines, oculi dum cernere possunt,
   Vivit teqve vetat nostra Camena mori.

K.

Peace.

Now is the winter of our discontent
Made glorious summer by this sun of York;
And all the clouds that loured upon our house
In the deep bosom of the ocean buried.
Now are our brows bound with victorious wreaths,
Our bruised arms hung up for monuments;
Our stern alarums changed to merry meetings,
Our dreadful marches to delightful measures.
Grim-visaged war hath smoothed his wrinkled front;
And now,—instead of mounting barbed steeds,
To fright the souls of fearful adversaries,—
He capers nimbly in a lady's chamber,
To the lascivious pleasing of a lute.

SHAKSPEARE.

Infancy.

On parent knees, a naked new-born child,
Weeping thou sat'st, while all around thee smiled:
So live, that sinking to thy life's last sleep,
Calm thou may'st smile, while all around thee weep.

SIR W. JONES.

Pax.

Νῦν δὴ τὸ χεῖμα τῆς πάροιθ' ἀλγηδόνος
εἰς λαμπρὸν αὖθις αὖ μετήλλακται θέρος,
ὡς ἡλίου φανέντος Οὐόρκου φάους·
στυγνὸν δ' ὕπερθεν ὀφρύων καθήμενον
νέφος θαλάσσης ἐν βυθοῖσι κρύπτεται·
ἀμπισχόμεσθα νῦν κλάδων ἀνδήμασι
τοῖς καλλινίκοις κρᾶτας ἐξεστεμμένοι·
σιδηρότρωτα δ' ἐν θεῶν ἀνακτόροις
κρεμαστὰ κεῖται τευχέων ἀγάλματα·
βοὴ δ' ἀπεχθὴς ἐξελήλαται μάχης
ὁμιλίας τερπναῖσιν ἐν μεταλλαγαῖς·
ὁδοὺς δ' ἀπευκτοὺς ἐκδοχαὶ χορευμάτων
παύουσιν ἤδη· στυγνὰ δ' ὀφρύων Ἄρης
τοὐνθένδ' ὁ δυσπρόσωπος ἐκλύει νέφη·
καὶ νῦν τετρώροις οὐκέτ' ἐμβαίνων ὄχοις
ἐχθρῶν ἀτλήτῳ θυμὸν ἐκπλήσσει φόβῳ,
χορῶν δ' ἐλαφροῖς ἅπτεται σκιρτήμασιν
ἐν παρθενῶσι μαλθακῆς λύρας ὕπο.

E. M. C.

Infantia.

Parvulus in gremio matris, modo natus inopsqve,
    Tu lacrumas, at sunt omnia laeta tuis.
Sic vivas, puer, ut, placida qvom morte recumbas,
    Omnia laeta tibi sint, lacrumaeque tuis.

T. W. P.

A Lover's Liberty.

Away with those self-loving lads,
Whom Cupid's arrow never glads!
Away poor souls that sigh and weep
In love of those that lie asleep!
　　For Cupid is a merry god,
　　And forceth none to kiss the rod.

My songs they be of Cynthia's praise,
I wear her rings on holidays,
In every tree I write her name,
And every day I read the same.
　　Where Honour Cupid's rival is,
　　There miracles are seen of his.

If Cynthia crave her ring of me,
I blot her name out of the tree;
If doubt do darken things held dear,
Then well-fare nothing once a year.
　　For many run, but one must win:
　　Fools only hedge the cuckoo in.

　　　　　　　　　　　　　　B.

Barney Bodkin.

Barney Bodkin broke his nose.
　　Want of victuals makes us sad.
Without feet we can't have toes.
　　Crazy folks are always mad.

Libertas in Amore.

Ista Cupidineis nunqvam exhilarata sagittis
  Facessat hinc procul sibi turba placens iuvenum.
Sintqve procul qvi flent et qvi suspiria ducunt,
  Formaeqve securae nimis qvos miser angit amor.
Laetus amat risus hilares ludosqve Cupido,
  Nec cogit invitos suis subdere terga flagris.
Me vatem vocat Ella suum; mea carmina poscit:
  Et feriatus annulis illius ornor amans.
Illius inscribo nulla non arbore nomen,
  Nulloqve non idem die rite mihi legitur.
Qva sibi rivalem credit certare Pudorem,
  Vinci Cupido nescius prodigiosa facit.
Sin ut reddatur suus annulus imperet Ella,
  Iam nomen Ellae deleam cortice ab iliceo.
Si qvondam cari fiducia fallat amoris,
  Anno salutandum semel praestet habere Nihil.
Curritur a multis: unus fert praemia victor;
  Ineptus est qvisqvis vagum claudere vult cuculum.

K.

Ex Incerti Βαρνάβᾳ τῷ Βελονεῖ.

Τῆς ῥινὸς ὁ Βελονεὺς κατέαγε Βαρνάβας·
χὴ μὲν σπάνις τῶν σιτίων λύπην ἔχει·
ἄνευ ποδῶν δὲ πῶς ἂν ἔχοι τις δακτύλους;
μελαγχολικά τοι σώματ' ἀεὶ μαίνεται.

R. S.

Anacreontic.

Underneath this myrtle shade,
On flowery beds supinely laid,
With odorous oils my head o'erflowing,
And around it roses growing,
What should I do but drink away
The heat and troubles of the day ?
In this more than kingly state
Love himself shall on me wait.
Fill to me, Love, nay, fill it up ;
And mingled cast into the cup
Wit and mirth and noble fires,
Vigorous health and gay desires.

COWLEY.

The Vanity of Life.

When I consider life, 'tis all a cheat ;
Yet, fool'd with hope, men favour the deceit,
Trust on, and think to-morrow will repay :
To-morrow's falser than the former day,
Lies worse ; and while it says, we shall be bless'd
With some new joys, cuts off what we possessed.
Strange coz'nage ! none would live past years again,
Yet all hope pleasure in what yet remain,
And from the dregs of life think to receive
What the first sprightly running could not give.
I'm tired with waiting for this chymic gold,
Which fools us young, and beggars us when old.

DRYDEN.

Anacreontica.

Hoc sub tegmine myrteo
   Stratus purpurea sic temere in rosa,
Unguento madidus comam et
   Vivis implicitus tempora floribus,

Sicca qvid potius die
   Qvam fallam liqvido tristitiam mero?
Hic dum rege beatius
   Bacchor, dius Amor vina dabit mihi:

Plenos da cyathos, Amor,
   Miscentorque simul Laetitia et Lepos
Festivaeqve Lubidines
   Clarorumqve Salus fons sacer ignium.

R. B.

Vita fallax.

Esse qvid hoc dicam?   Fraus est mera vita; sed ipse
   Lusus homo ludi gaudet amatqve dolum.
Credimus, et, Cras, cras solvetur, dicimus: atqvi
   Falsior hesterna crastina luce dies
Mentitur peius: spondet nova gaudia semper,
   Et, nova dum spondet gaudia, prima rapit.
Qvemqve voluptatis fallit spes mira futurae:
   Lapsa sibi reddi tempora nemo rogat.
Sic igitur faecem vitae dare posse putamus
   Gaudia, qvae nullis amphora promta dedit?
Exspectasse diu magicum me poenitet aurum,
   Qvod iuvenes ludit despoliatqve senes.

K.

Thy Days are done.

Thy days are done, thy fame begun;
    Thy country's strains record
The triumphs of her chosen son,
    The slaughters of his sword;
The deeds he did, the fields he won,
    The freedom he restored.

Though thou art fallen, while we are free,
    Thou shalt not taste of death;
The generous blood that flow'd from thee
    Disdained to sink beneath:
Within our veins its currents be,
    Thy spirit on our breath. ·

Thy name, our charging hosts along,
    Shall be the battle-word;
Thy fall, the theme of choral song
    From virgin voices poured.
To weep would do thy glory wrong;
    Thou shalt not be deplored.

BYRON.

Sigh no more, Ladies.

Sigh no more, ladies, sigh no more:
    Men were deceivers ever.
One foot on sea, one foot on shore;
    To one thing constant never.

SHAKSPEARE.

Famae prima Dies.

Haec famae tibi prima dies, haec ultuma vitae:
    Nomen erit patriae semper in ore tuum:
Sedula dilectae prolis canit illa triumphos:
    Qvot validos proprio straverit ense viros,
Qvas tulerit bello laurus, qvo victor ab hoste
    Reddiderit populo libera iura suo.
Occidis; at, dum nos libertas alma tuetur,
    Non te mors omnem sub ditione premet.
Qvi tibi profluxit generosus corpore sangvis
    Non tulit indignum commaculasse solum:
Illius O nostras opulentent flumina venas,
    Vivat et in nostro spiritus ore tuus.
Sicubi Mars patrius saevum volvetur in hostem,
    Sola tuum pugnae tessera nomen erit:
Nostra decus tanti celebrabunt carmina leti,
    Carmina virgineis ingeminanda choris.
Magne, tuae fletus essent iniuria famae:
    Questubus O nullis dedecorande, Vale.

K.

Natus Perfidiis.

Virgo, desine qvestuum:
    Natus perfidiis est et erit puer:
Par nunqvam sibi; at altero
    Terras usqve premens, altero aqvas pede.

R. S.

Drinking Song of Munich.

Sweet Iser, were thy sunny realm
  And flowery gardens mine,
Thy waters I would shade with elm,
  To prop the tender vine;
My golden flagons I would fill
With rosy draughts from every hill;
  And under every myrtle-bower
My gay companions should prolong
The laugh, the revel, and the song,
  To many an idle hour.

Like rivers crimsoned with the beam
  Of yonder planet bright,
Our balmy cups should ever stream
  Profusion of delight.
No care should touch the mellow heart,
And sad or sober none depart;
  For wine can triumph over woe,
And Love and Bacchus, brother powers,
Could build in Iser's sunny bowers
  A paradise below.

CAMPBELL.

Grabschrift.

Ein Mann von ſechzig Jahren ward in dies Grab geſetzt.
Er ward zur Welt geboren, aß, trank, ſchlief, ſtarb zuletzt.

GRYPHIUS.

Scolium Monacense.

Si quae rura tuas, flumen amabile,
Lymphas despiciunt, si domino mihi
    Parerent iuga prima
      Solis luce tepentia;

Consors hic teneris pluruma vitibus
Ulmus propter aqvam surgeret, aureis
    Ferrent dulcia colles
      Bacchi munera poculis:

Sub myrto recubans laeta sodalium
Festa luce cohors cantubus et mero
    Serae noctis in umbras
      Mecum gaudia ducerent.

Ut qvae puniceo sidere flumina
Inlustrata rubent, sic qvoqve currerent
    Plenis usqve fragrantes
      Nostri deliciis scyphi:

Nunqvam corda dolor tangeret uvida,
Nec tristes animos hinc neqve sobrios
    Nox dimitteret unqvam:
      Nam vino fugiunt mala,

Nec tu cum sociis, Liber, Amoribus
Hic propter patrii murmura fluminis
    Nescis condere felix
      In terris nemus Elysi.

                      E. H. G.

Epitaphium Plurumorum commune.

Vir situ'st in hoc sepulcro septuagenarius:
Natus est, edit, bibit, dormivit, obiit deniqve.

                      K.

A Farewell.

Flow down, cold rivulet, to the sea,
   Thy tribute-wave deliver;
No more by thee my steps shall be,
   For ever and for ever.
Flow, softly flow, by lawn and lea,
   A rivulet, then a river;
No where by thee my steps shall be,
   For ever and for ever.
But here will sigh thine alder-tree,
   And here thine aspen shiver,
And here by thee will hum the bee,
   For ever and for ever.
A hundred suns will stream on thee,
   A thousand moons will quiver;
But not by thee my steps shall be,
   For ever and for ever.

TENNYSON.

Epitaph.

What thou art reading o'er my bones
I've often read on other stones;
And others soon shall read of thee
What thou art reading now of me.

FLEMING.

Labitur et labetur in omne volubilis Aevum.

Rivule, ad pontum flue frigidaeqve
Dulce vectigal dare perge lymphae;
Non meos ullo tua ripa gressus
    Senserit aevo.

Leniter saltus siluasqve praeter
Rivulus nunc, postmodo rivus, erres,
Nec meos usquam videas neque ullo
    Tempore vultus.

Hic tuae custos gemet alnus orae,
Populus molli tremet icta vento;
Hic apis nullo tibi murmurare
    Desinet anno.

Solium reddes iubar, unda, centum,
Mile lunarum tremulos nitores,
Me tamen nullo prope te morantem
    Videris aevo.

        K.

Epitaphium cuivis idoneum.

Qvod legis hic de me, de multis saepe ego legi;
 Qviqve legis, de te saepe legetur idem.

        K.

Satyrane.

His loving mother came upon a day
Unto the woodes to see her little sonne;
And chaunst unwares to meet him in the way,
After his sportes and cruell pastime donne;
When after him a lyonesse did runne,
That roaring all with rage did lowd requere
Her children deare, whom he away had wonne:
The lyon whelpes she saw how he did beare,
And lull in rugged arms withouten childish feare.

The fearefull dame all quaked at the sight,
And turning backe gan fast to fly away;
Untill, with love revokt from vaine affright,
She hardly yet perswaded was to stay,
And then to him these womanish words gan say:
" Ab, Satyrane, my dearling and my ioy,
For love of me leave off this dreadfull play;
To dally thus with death is no fit toy:
Go, find some other play-fellowes, mine own sweet boy."

SPENSER.

Jack.

Jack his own merit sees; this gives him pride,
For he sees more than all the world beside.

ELEGANT EXTRACTS.

Satyranus.

Μήτηρ πρὸς ὕλην ἦλθεν εὐφιλής ποτε
τέκνου ποθοῦσα γλυκυτάτην ὁμιλίαν·
οὕτω δ' ἰοῦσα ξυνέτυχεν τῷ παιδίῳ
τότ' ὄντι θήρας ἀγροτέρων τ' ἀφ' ἡδονῶν,
κἀκεῖ κατ' αὐτὸν ἦλλετ' ἐμμανῆ δρόμον
ὀργαῖς λέαινα βαρυβρόμοισιν ἁρπαγὰς
φιλῶν νεοσσῶν ἐγκαλοῦσα τῷ βρέφει·
αὐτὸν δ' ἰδοῦσαν ἄτρομον οὐ παιδὸς δίκην
σκύμνους ἀτάλλοντ' ἀγρίοις βραχίοσι
τρόμος μέγας προσῆλθεν, ὥστε πρὸς φυγὴν
βάσει δρομαίᾳ νωτίσαι δέους ὕπο·
ἕως ἐγείρουσ' ἐκ κενῆς ὀρρωδίας
στοργὴ γυναῖκ' ἔπεισε προσμεῖναι μόγις·
ταῦτ' οὖν ἔλεξεν ἐκ γυναικείας φρενός·
ὦ τῆς τεκούσης ἐλπὶς ἠδὲ χαρμονή,
ταύτης ἀρείας παιδιᾶς σε λίσσομαι
λῆξαι, ταλαίνης εἴ τί σοι μητρὸς μέλει·
οὐ πρὸς βρέφους ἄθυρμα ποιεῖσθαι μόρον·
σὺ δ' οὖν τιν' ἄλλον εὑρὲ συμπαίκτην, τέκνον.

G. J. K.

Otho.

Ut non est tolerandus Otho, ut sine iure superbit
  Vir unus ille ceteris ineptior.—
Virtutes videt ipse suas Otho; iure superbit
  Vir unus ille ceteris sagacior.

K.

F F

Lycidas.

Weep no more, woful shepherds, weep no more,
For Lycidas your sorrow is not dead,
Sunk though he be beneath the watery floor;
So sinks the day-star in the ocean-bed,
And yet anon repairs his drooping head,
And tricks his beams, and with new-spangled ore
Flames in the forehead of the morning sky:
So Lycidas sunk low, but mounted high,
Through the dear might of Him that walk'd the waves
Where, other groves and other streams along,
With nectar pure his oozy locks he laves,
And hears the unexpressive nuptial song,
In the blest kingdoms meek of joy and love.

MILTON.

Dirge.

Fear no more the heat o' the sun,
  Nor the furious winter's rages:
Thou thy worldly task hast done,
  Home art gone, and ta'en thy wages.
Golden lads and girls all must,
As chimney-sweepers, come to dust.

Fear no more the frown o' the great;
  Thou art past the tyrant's stroke:
Care no more to clothe and eat;
  To thee the reed is as the oak.
The sceptre, learning, physic, must
All follow this, and come to dust.

SHAKSPEARE.

Lycidas.

Desine, pastorum chorus, aegri desine luctus :
Non periit Lycidas, vester dolor, obrutus alto
Qvamlubet : Oceani qvalis substernitur aestu
Phosphorus, at rursum mediis caput erigit undis,
Auratumqve iubar renovat, flammaqve recenti
Splendidus Aurorae radianti in fronte coruscat ;
Sic cecidit Lycidas ; idem at surrexit in auras,
Illius ereptus divino numine Christi
Qvi qvondam pelagi tumidum incessit super aequor :
Illic, per saltus alios aliosqve secundum
Rivorum lapsus, lavit udos nectare crines,
Caelestisqve chori non enarrabile carmen
Aure bibens placidos, felicia regna, recessus,
Laetitiae sedem puriqve celebrat Amoris.

R. B.

Naenia.

Noli iam nimios timere soles,
Aut saevos hiemis furentis ictus :
Tu stipendia, debita imperato.
Muneri, emeritus domum redisti.
Aureus puer, aureae puellae,
Turpi cum grege pulverem subibunt.

Ne minas timeas potentiorum ;
Iam non opprimit impetus tyranni :
Non vestis tibi cura, non edendi ;
Par quercus tibi, par tibi est arundo.
Non scientia, regiumve nomen,
Ipsa non medicina vitat Orcum.

R. S.

An Chloe.

Chloe, kennst du noch die Stunde,
Die zu schnell vorüberging,
Als ich fest an deinem Munde,
Fest an deinem Herzen hing?

O, der Liebe Schauder bebte
Mächtig mir durch jeden Sinn:
Chloe, meine Seele schwebte
Küssend zu der deinen hin.

Eines ganzen Lebens Freuden,
Sonnen Auf= und Untergang;
Blumenduft und Grün der Weiden;
Zephyr, Nachtigallgesang;

Junger Haine froh Getümmel;
Jeder selige Genuß;
Ruhm und Glück und Erd' und Himmel,
Alles war in diesem Kuß.

J. G. JACOBI.

Ægle.

Ægle, beauty and poet, has two little crimes;
She makes her own face, but does not make her rhymes.

BYRON.

Osculum.

Horae tun' memor illius, Neaera,
Mellitae nimis et nimis fugacis,
Felix qvom labiis tuis inhaesi,
Felix e gremio tuo pependi?

Ut me surripuit mihi Cupido:
Ut sensus domuit potente virga:
Mens transfusa mea inter osculandum
Fugit, parsqve tui, Neaera, facta est.

Unae gaudia qvantacumqve vitae,
Phoebi lux orientis et cadentis,
Pratorum novitas, odor rosarum,
Cantus lusciniae, melos Favoni,

Vernis in siluis chori volucrum,
Seu qvid lectius est beatiusqve,
Res, potentia, fama, terra, caelum,
Nil huic abfuit osculo, Neaera.

K.

Aegle.

Aegle venusta est et poetria est Aegle:
At ipsa versus non facit, facit formam.

H. J. H.

To the Genius of the House.

Command the roof, great Genius, and from thence
Into this house pour down thy influence,
That through each room a golden pipe may run
Of living water by the benizon;
Fulfil the larders, and by strength'ning bread
Be evermore thy bins replenished.
Next, like a bishop, consecrate my ground,
That lucky fairies here may dance their round;
And, after that, lay down some silver pence,
The master's charge and care to recompense;
Charm then the chambers; make the beds for ease,
More than for peevish pining sicknesses;
Fix the foundation fast, and let the roof
Grow old with time, but yet keep weather-proof.

HERRICK.

Forget Thee?

Forget thee!—bid the forest-birds forget their sweetest
        tune;
Forget thee!—bid the sea forget to swell beneath the
        moon;
Bid the thirsty flowers forget to drink the eve's refresh-
        ing dew;
Thyself forget thine own dear land, and its mountains
        wild and blue;
Forget each old familiar face, each long-remembered
        spot:
When these things are forgot by thee, then thou shalt
        be forgot.

MOULTRIE.

Ad Larem Familiarem.

Lar mihi culte, summis
  Insidens tectis placido numine ades faveqve
Aedibus, ut per omnem
  Aurei fontes trepident iugis aqvae recessum ;

Horrea tu salubri
  Laeta frumento et cumeras fac locupletiores ;
Ruraqve consecrabis
  Auguris ritu, veniat qvo celebretqve faustos

Pluruma nympha ludos ;
  Pone mox asses nitidos, sint ut hero laborum
Praemia sumtuumqve :
  Tum fove miris thalamos artibus, atque lectos,

Candide Lar, qvieti
  Sterne qvam morbi qverulis luctubus aptiores ;
Stet bene firma moles,
  Nec vetustatem metuant tecta Iovemve iniqvum.

W. G. C.

Oblitus ut vivam tui ?

Oblitus omnes ut tui vivam dies ?
  Cesset avis liqvido mulcere silvas carmine :
Oblitus omnes ut tui vivam dies ?
  Negligat unda maris tumere sub lunae face :
Siticulosa nutet inmemor rosa
  Nectareos bibere rorantis Hesperi scyphos :
Tuo paternum litus effluat sinu,
  Vastaqve caeruleo nota colore iuga,
Vultusqve amatus qvisqve, et a puertia
  Pluruma deliciis signata plurumis loca :
Qvorum simul te ceperint oblivia,
  Excideris animo tu, cara, tum demum meo.

K.

The Soldiery of Hell.

Then straight commands, that, at the warlike sound
Of trumpets loud and clarions, be uprear'd
His mighty standard: that proud honour claim'd
Azazel as his right, a cherub tall,
Who forthwith from the glittering staff unfurl'd
The imperial ensign; which, full high advanced,
Shone like a meteor streaming to the wind,
With gems and golden lustre rich emblazed,
Seraphic arms and trophies; all the while
Sonorous metal blowing martial sounds;
At which the universal host up-sent
A shout, that tore hell's concave, and beyond
Frighted the reign of Chaos and old Night.
All in a moment through the gloom were seen
Ten thousand banners rise into the air
With orient colours waving: with them rose
A forest huge of spears; and thronging helms
Appear'd, and serried shields in thick array
Of depth immeasurable: anon they move
In perfect phalanx to the Dorian mood
Of flutes and soft recorders; such as raised
To height of noblest temper heroes old
Arming to battle; and instead of rage,
Deliberate valour breathed, firm and unmoved
With dread of death to flight or foul retreat:
Nor wanting power to mitigate and 'suage
With solemn touches troubled thoughts, and chase
Anguish, and doubt, and fear, and sorrow, and pain
From mortal or immortal minds.

MILTON.

Satanae Militia.

Protenus ad lituum strepitus mixtosqve tubarum
Grande iubet tolli signum : qvo munere celsus
Fungitur Azazel, proprioqve superbit honore.
Nec mora qvin hasta regale insigne corusca
Arduus expandens effundat in aetheris auras,
Non aliter qvam qvom diro micat omine sidus,
Intextum gemmis rutiliqve nitoribus auri
Hinc illinc, scutisqve deum caeliqve tropaeis.
Martius interea sonitus crebrescit et aeris
Clangor : eo strepitu clamorem exercitus omnis
Excitat infandum, qvo infernae concava sedis,
Qvo Chaos et priscae trepidant penetralia Noctis.
Ilicet obscuras orientia mile per umbras
Signa fluunt, tremulisqve auras splendoribus inplent.
Silva ingens hastarum una, galeaeqve freqventes,
Inmensusqve nitent atqve inpenetrabilis ordo,
Densati clipei.   Mox iustae lege phalangis
In numerum incedunt : nec tibia Doria cessat,
Nec molles calamorum animae, qveis spiritus ardens
Heroum tumet ac cordi fiducia crescit
Arma capessentum.   Non his concentubus ira,
Non furor elicitur, sed bello vivida virtus,
Sed vigor erectus, sed mens secura timorum,
Contemtrix leti foedamqve exosa repulsam.
Hinc, qvandoqve gravi spirant dulcedine flatus,
Pallida distractae fugere insomnia mentis,
Curaeqve ambiguiqve metus et luctus et angor
Mortalesve animos inmortalesve relinqvunt.

K.

He and She.

He. What the bee is to the floweret,
    When he looks for honey-dew
Through the leaves that close embower it,
    That, my love, I'll be to you.

She. What the bank, with verdure glowing,
    Is to waves that wander near,
Whispering kisses, while they're going,
    That I'll be to you, my dear.

She. But they say, the bee's a rover,
    That he'll fly when sweets are gone;
And, when once the kiss is over,
    Faithless brooks will wander on.

He. Nay, if flowers will lose their looks,
    If sunny banks will wear away,
'Tis but right that bees and brooks
    Should sip and kiss them while they may.

                         Moore.

A Dialogue.

Sweet rose of May, sweet rose of May,
    Whither, ah whither fled away?—
What's gone no time can e'er restore:
    I come no more—I come no more.

              Merivale (*from* Sappho).

Daphnis cum Phyllide.

D. Flosculo qvod apis petens
　Mella roscida per nigras
　Frondium latebras, erit
　　　Daphnis id tibi, Phylli.

P. Ripa qvod viridans aqvis
　Adfluentibus osculaqve
　Adsonantibus, ut fluunt,
　　　Phyllis id tibi, Daphni.

P. Ast apis, perhibent, suis
　Plena deliciis volat;
　Postqve basia perfidus
　　　Ille labitur amnis.

D. Flore si color effluit,
　Ripa tempore si labat,
　Mella praeripiant apes
　　　Fas sit, oscula rivi.

F. K.

———

Rosa Maii.

Rosa Maii, rosa dulcis, mihi qvo te revocanti
　Mihi qvo nunc abiisti? —
Qvod abivit prece nulla revocabis: tibi rursum
　Tibi nunqvam reviresco.

K.

Funeral Honours.

Oh, think not that with garlands crown'd
   Inhuman near thy grave we tread ;
Or blushing roses scatter round,
   To mock the paleness of the dead.

What though we drain the fragrant bowl,
   In flowers adorn'd and silken vest,
Oh, think not, brave departed soul,
   We revel to disturb thy rest.

Feign'd is the pleasure that appears,
   And false the triumph of our eyes,
Our draughts of joy are dash'd with tears,
   Our songs imperfect and in sighs.

We inly mourn : o'er flowery plains
   To roam in joyous trance is thine,
And pleasures unallied to pains,
   Unfading sweets, immortal wine.

BLAND.

On a Pipe in the Temple of Venus.

Say, rustic Pipe, in Cytherea's dome
Why sounds this echo of a shepherd's home?
Nor rocks nor valleys here invite the strain ;
But all is Love—go seek thy hills again.

HODGSON (*from the Greek Anthology*).

Honos Tumuli.

Qvod tua florentes sertis prope busta moramur,
　　Ne tu saevitiae nos age, care, reos :
Neu, qvae pallenti possint inludere morti,
　　Per tumulum sparsas crede rubere rosas.

Qvid si, dum bibimus redolentia pocula, cingit
　　Aurea palla humeros, florea vitta comas,
Talia ne, fortes inter fortissume manes,
　　Rere tuae labem festa qvietis agi.

Fingimus ah vani simulato gaudia risu,
　　Inqve oculis fallax ille triumphus inest ;
In calices furtim lacrumarum stillat amaror,
　　Inter singultus carmina manca cadunt.

Nos gemimus : celebrare tuum est florentia prata ;
　　Sunt tibi sincerae somnia laetitiae,
Qvaeqve malo nescit tingi maerore voluptas,
　　Et sine felle sales et sine faece merum.

　　　　　　　　　　　　　　　　K.

Calamus.

Dic, Calame agrestis, Paphiae sub tegmine divac
　　Cur pastoritio vox sonat apta lari ?
Non iuga, non virides poscunt hic carmina valles ;
　　Hic nil non Amor est : ad tua saxa redi.

　　　　　　　　　　　　　　　　K.

Exton.   Bolingbroke.

E. Great king, within this coffin I present
Thy buried fear: herein all breathless lies
The mightiest of thy greatest enemies,
Richard of Bourdeaux, by me hither brought.

B. Exton, I thank thee not; for thou hast wrought
A deed of slander with thy fatal hand
Upon my head and all this famous land.

E. From your own mouth, my lord, I wrought this
    deed.

B. They love not poison that do poison need,
Nor do I thee: though I did wish him dead,
I hate the murderer, love him murdered.
The guilt of conscience take thou for thy labour,
But neither my good word nor princely favour:
With Cain go wander through the shade of night,
And never shew thy head by day nor light.
Lords, I protest my soul is full of woe
That blood should sprinkle me to make me grow.
Come mourn with me for what I do lament,
And put on sullen black incontinent.
I'll make a voyage to the Holy Land,
To wash this blood off from my guilty hand.
March sadly after: grace my mournings here,
In weeping after this untimely bier.

                                        SHAKSPEARE.

Love a Circle.

Love is a circle that doth ever move
In the same sweet eternity of Love.

                                        HERRICK.

Regicida.

E. Ὦ 'ναξ φέριστε, ξυντεθαμμένον δέος
τὸ σὸν στέγει τόδ' ἄγγος· ἄψυχος δ' ὅδε
ὁ πρὶν μέγιστος πολεμίων κεῖται σέθεν
Εὐκάρδιος, βάσταγμα τῆς ἐμῆς χερός.

B. οὔτοι σ' ἐπήνεσ', ὅς γ' ἀνηκέστῳ χερὶ
ὄνειδος αἰσχρὸν ἐγκατέσκηψας τόδε
ἐς κρᾶτα τοὐμὸν ἔς τε πάνδημον πόλιν.

E. καὶ μὴν ἔτλην τόδ' ἔργον ἐκ γλώσσης σέθεν.

B. ἀλλ' οὔθ' ὅτῳ δεῖ φαρμάκων αὐτὸς φιλεῖ
τὰ φάρμακ' οὔτ' ἐγὼ σέ· κεἰ θανεῖν σφ' ἔδει,
φιλῶ θανόντα τὸν κτανόντ' ἀποπτύσας·
σοὶ δ' οὖν ἔπαινος οὔτε κείσεται χάρις
ἀνθ' ὧν ἔδρασας, ἀλλὰ τὸ ξυνειδέναι
μύσος τὸ σαυτοῦ χάμα τῷ πρωτοκτόνῳ
πλάνητ' ἀλᾶσθαι νυκτὸς ὀρφναίας σκότῳ,
καὶ μηκέτ' αὐγαῖς ἡμέρας αἴρειν κάρα.
ἀλγεῖ γὰρ ἀλγεῖ φρήν, θεοὶ ξυνίστορες,
εἴ μοι χυθεὶς βλάστημον ἀλδαίνει φόνος.
ἴτ' οὖν, ἄνακτες, ἀμφιβάλλεσθε στολὴν
πενθοῦντι συμπενθοῦντες ὡς τάχος λυγράν·
κἀγὼ πρὸς ἱεράν, ἐκ μιαιφόνου χερὸς
τόδ' αἷμα νίψων, ναυστολήσομαι χθόνα.
ὑμεῖς βάδην ἔπεσθε, κήδειον χάριν,
δάκρυσιν ἄωρον τήνδε θρηνοῦντες ταφήν.

R. S.

Amor rotatilis.

Volvitur orbis ad instar Amor, qvi semper in orbem
Volvitur et redit in se revolutus, Amor.

W. G. C.

The Etrurian Nœnia.

Where art thou, pale and melancholy ghost?
  No funeral rites appease thy tombless clay;
Unburied, glidest thou by the dismal coast,
                O exile from the day?

There where the voice of love is heard no more,
  Where the dull wave moans back the eternal wail,
Dost thou recall the summer suns of yore,
                Thine own melodious vale?

Thy lares stand on thy deserted floors,
  And miss their last sweet daughter's holy face:
What hand shall wreathe with flowers the threshold doors?
                What child renew the race?

Thine are the nuptials of the dreary shades;
  Of all thy groves what rests? — the cypress tree?
As from the air a strain of music fades,
                Dark silence buries thee.

Yet no, lost child of more than mortal sires,
  Thy stranger bridegroom bears thee to his home,
Where the stars light the Æsar's nuptial fires
                In Tina's azure dome;

From the fierce wave the god's celestial wing
  Rapt thee aloft along the yielding air;
With amaranths fresh from heaven's eternal spring
                Bright Cupra braids thy hair.

Naenia.

Qvonam evolasti pallida, lugubris?
Nulline ritus, Umbra, tibi levant
   Curam, neqve infletum piavit
      Ullus honor tumuli cadaver,

Sed lucis exsul litus obambulas
Informe? Qva nec blanditias amor
   Instaurat, aeternamqve fluctus
      Segne gemens iterat qverelam,

Solesne verni luminis et tuam
Vallem reposcis? Lar vacuas habet
   Aulas, et incassum reqvirit
      Alma suae pius ora natae.

Qvae dextra posthac limina floribus
Intexet illi? Qvae suboles nova
   Curret pavimentum? O malignis
      Tradita coniugio tenebris,

Ecqvam tuarum nunc colis arborum?
Solam cupressum: teqve silentia
   Condunt inaccessa, ut qvietas
      Suave melos fugit inter auras.

Non sic peristi, progenies deum;
Te magna coniux advena transtulit
   In regna, qva resplendet astris
      Caeruleum laqveare Tinae   ,

Iungente claras Aesare nuptias:
Te penna vexit dia superstitem
   Undis, ubi aeterno beatae
      Vere fragrans amaranthus aurae

Ah, in those halls for us thou wilt not mourn ;
   Far are the Æsar's joys from human woe ;
But not the less forsaken and forlorn
            Those thou hast left below.

Never, oh never more shall we behold thee,
   The last spark dies upon the sacred hearth :
Art thou less lost, though heavenly arms enfold thee —
            Art thou less lost to earth ?

Slow swells the sorrowing Nænia's chaunted strain,
   Time with slow flutes our leaden footsteps keep ;
Sad earth, whate'er the happier heaven may gain,
            Hath but a loss to weep.

Sir E. Bulwer Lytton.

The Light of Love.

She is not fair to outward view,
   As many maidens be ;
Her loveliness I never knew
   Until she smiled on me :
Oh, then I saw her eye was bright ;
A well of love—a spring of light.

But now her looks are coy and cold,
   To mine they ne'er reply ;
And yet I cease not to behold
   The love-light in her eye :
Her very frowns are better far
Than smiles of other maidens are.

Hartley Coleridge.

Sese capillis insinuat tuis,
Texente Cupra.   Nos ibi nostraqve
   Lugere dedisces : ab omni
      Aesar habet vacuum dolore

Perenne regnum : nos tamen interim
Te flemus eheu, dulce caput, die
   Nullo revisendum ; supremus
      Ille sacrae perit ignis arae.

Caelum recepta gaudeat : an minus
Te terra raptam maeret ?   In aethera
   Surgit sepulcrali tenore
      Naenia flebiliter canentum,

Cum tibiarum flamine plumbeos
Regente passus.   Qvidqvid habet lucri
   Fortuna caelestum, fugaces
      Delicias gemit orba tellus.

                                    K.

Lux Amoris.

Pulcra parum forma est : certe formosior illa
   Conspicitur nivei multa puella chori :
Molle mihi donec furtim subrisit ocello,
   Virginis inlecebrae me latuere meae.
Tunc veluti plenus fons lumine, plenus amore,
   Sidereus gemino fulsit ab orbe nitor.
Nunc tua mutati cerno fastidia vultus :
   Dedidicit nobis iste referre vices.
Ast ego non potero vultum satiare videndo
   Qvantus sidereis orbibus insit amor.
Contrahe tu frontem : subrideat altera virgo :
   Alterius risu frons magis ista placet.

                                    R. S.

The Death of the Brave.

Farewell, thou fair day, thou green earth, and ye skies,
  Now gay with the bright setting sun;
Farewell, loves and friendships, ye dear tender ties;
  Our race of existence is run.

Thou grim king of terrors, thou life's gloomy foe,
  Go, frighten the coward and slave;
Go, teach them to tremble, fell tyrant, but know
  No terrors hast thou to the brave.

Thou strik'st the dull peasant, he sinks in the dark,
  Nor saves e'en the wreck of a name;
Thou strik'st the young hero — a glorious mark —
  He falls in the blaze of his fame.

In the field of proud honour, our swords in our hands,
  Our king and our country to save,
While victory shines on life's last ebbing sands,
  Oh, who would not rest with the brave?

MOORE.

On a Laurel beside a Fountain.

Rest thee beneath yon laurel's ample shade,
  And quaff the limpid stream that issues there;
So thy worn frame, for summer's toil repaid,
  May feel the freshness of the western air.

HODGSON (*from the Greek Anthology*).

Pro Patria mori.

Candide lucis honor, tuqve O viridissuma tellus,
　　Qvodqve nites caelum sole cadente, vale :
Vosqve, amor et pietas, socialia vincla, valete,
　　Stat prope iam rerum meta ; peracta via est.

Vis horrenda mali, vitae teterruma labes,
　　Terribilis servo sis timidoqve licet :
Fac per nos tremat ista cohors : sed fortia semper
　　Corda minas rident, Mors furiosa, tuas.

Tu petis agricolam crassum : petis, inqve tenebras
　　Nomine cum toto naufragus ille cadit.
Tuqve heroa petis iuvenem : petis, inqve triumphis,
　　Luce fruens famae, splendida praeda, iacet.

Qvo vocat, imus, Honor, stricto decernere ferro
　　Pro patria et caro rege parata manus :
Dum vitae extremum victoria tempus inaurat,
　　Cum validis cui non dulce qviesse viris ?

G. B. M.

Ad Viatorem.

Huc ades, et lauri patula requiesce sub umbra,
　　Qvaeqve ruunt illinc flumina pura bibe ;
Sic qvoqve percipias, arenti fervidus aestu,
　　Qvidqvid ab Hesperio flat geniale polo.

K.

A Rainy Day.

The day is cold and dark and dreary,
It rains, and the wind is never weary;
The vine still clings to the mouldering wall,
But at every gust the dead leaves fall;
    And the day is dark and dreary.

My life is cold and dark and dreary,
It rains, and the wind is never weary;
My thoughts still cling to the mouldering past,
But the hopes of youth fall thick in the blast,
    And my days are dark and dreary.

Be still, sad heart, and cease repining;
Behind the clouds is the sun still shining:
Thy fate is the common fate of all;
Into each life some rain must fall,
    Some days must be dark and dreary.

LONGFELLOW.

Charlie.

Over the water and over the lea,
    And over the water to Charlie.
Charlie loves good ale and wine,
    And Charlie loves good brandy
And Charlie loves a pretty lass,
    As sweet as sugar-candy.

JACOBITE SONG.

Tempestas Caelum contraxit.

Horrida pallentem contristant frigora lucem,
  Flabraqve cum pluviis inreqvieta suis.
Vitis amans haeret muro, sed cuilubet aurae
  Dat folia: et maestus flet sine sole dies.
Et mihi pallentem contristant frigora vitam,
  Flabraqve cum pluviis inreqvieta suis.
Praeterito meus haeret amor, sed qvaeqve iuventae
  Spes perit: et maesti flent sine sole dies.
Disce tacere tamen, cor flebile, mitte qverelas;
  Invida sol ultra nubila lucet adhuc.
Sors tua communis mundi: sua cuiqve procella;
  Cuiqve suus qvondam flet sine sole dies.

K.

Carolus.

Nos per alta, nos per arva,
Nos per alta qvaeritemus
Carolum desideratum.
Carolo sunt firma cordi
Pocla Cereris et Lyaei,
Caroloqve qvae Lyaeo
Qvaeqve Cerere firmiora:
Caroloqve nympha bella,
Tota mel merumqve nectar.

K.

Star after Star decays.

How oft has the Benshee cried;
How oft has Death untied
Bright links that Glory wove,
Sweet bonds entwined by Love!
Peace to each manly soul that sleepeth;
Rest to each faithful eye that weepeth;
Long may the fair and brave
Sigh o'er the hero's grave!

We've fallen upon gloomy days,
Star after star decays;
Every bright name that shed
Light o'er the land is fled.
Dark falls the tear of him who mourneth
Lost joy or hope that ne'er returneth;
But brightly flows the tear
Wept o'er a hero's bier.

Oh, quenched are our beacon-lights:
Thou of the hundred fights;
Thou on whose burning tongue
Truth, peace, and freedom hung;
Both mute: but long as valour shineth,
Or mercy's soul at war repineth,
So long shall Erin's pride
Tell how they lived and died.

MOORE.

Astra cadentia.

Infaustos qvoties strix cecinit modos,
Fatali qvoties Mors secuit manu
Quae vel texuerat Gloria vincula,
    Vel sacrarat Amor pius.

Sint pacata animis somnia masculis;
Sit fidis oculis post lacrumas qvies;
Virtus virgineis iuncta decoribus
    Heroum ad tumulum gemat.

Nos inter nebulas sors tulit horridas :
Stellae post alias en aliae cadunt;
Magni qvidqvid erat nominis, aut facem
    Praebebat populo, perit.

Tristis gutta fluit qvae dolet inritas
Spes aut laetitiam non revocabilem :
Heroum ad cineres fusa decentior
    Stillat debita lacruma.

Fugerunt speculis lampades omnibus :
Te, centum celebris dux bone praeliis,
Teqve O cui labiis fluxit ab igneis
    Pax et libera Veritas,

Ambos nox premit: at dum viget incluta
Virtus, dum Pietas Martis opus dolet,
Qvo vitam eximiam funere clauserint
    Nativae recinent lyrae.

H. J. H.

Alcides.

Alcides thus his race began :
O'er infancy he swiftly ran :
The future god at first was more than man.
Dangers and toils and Juno's hate
E'en o'er his cradle lay in wait,
And there he grappled first with fate :
In his young hand the hissing snakes he pressed;
So early was the deity confessed.
Thus by degrees he rose to Jove's imperial seat :
Thus difficulties prove a soul legitimately great.

DRYDEN.

The Narcissus.

I saw the pride of all the meadow,
   At morn a gay narcissus blow
Upon a river's bank, whose shadow
   Bloomed in the silver waves below.
By noontide's heat its youth was wasted,
   The waters as they passed complained ;
At eve its glories all were blasted,
   And not one former grace remained.
While the mild rose, more safely growing
   Low in the unaspiring vale,
Amidst retirement's shelter blowing,
   Long sheds its sweetness on the gale.

COWPER.

Ἀλκείδας.

Ἀπὸ βαλβίδων τοιόνδ' ἔλαχεν
δρόμον Ἀλκείδας, ἀταλᾶς ἄβας
ταχὺ τέρμ' ἀνύσας· ἦν δ' ἄρ' ὁ μέλλων
θεὸς ἐξ ἀρχᾶς κρεῖσσόν τι βροτοῦ·
τί γάρ, ὅντινα πῆμ' ἐπιμαστίδιον
μόχθοι τ' ἐλόχων χὠ κότος Ἥρας·
καί νιν Μοίραις πρῶτ' ἀντίπαλον
σπάργαν' ἐδέρχθη
νεαρὸν νεαραῖς σύριγμ' ὄφεων
χερσὶ δαμάζονθ'· ὧδε νεογνὸς
δείξας θεὸς ὤν, ὧδ' ὑψίβατον
Ζηνὸς προσέβα χρόνιος θάκημ'·
ὧδ' ὁ πόνος τοι
λῆμα κατ' αἶσαν μέγ' ἐλέγχει.

R. S.

Narcissus.

Forte ego narcissum, nec pulcrior adfuit alter,
    Vidi laeta novo pandere serta die.
Fronte super rivum gracili pendebat; imago
    In liqvido pendens est iterata sinu.
Sole tamen medio floris marcere iuventas
    Coeperat, et tremulo murmure lympha qveri.
Et vergente die male provida serta petenti
    Nulla venustatis signa prioris erant.
Sed rosa, non alios Phoebi passura calores,
    In magis umbrosa se reserarat humo.
Est ea suavis adhuc, et basia provocat aurae,
    Qvae tenet obscurum, tutior inde, locum.

W. E. E.

The Coward Lover.

Faint amorist !   What, dost thou think
To taste Love's honey, and not drink
One drop of gall ? or to devour
A world of sweet, and taste no sour ?
Dost thou ever think to enter
Th' Elysian fields, that dar'st not venture
In Charon's barge?   A lover's mind
Must use to sail with every wind.   P. S.

Segnis Amans.

Sic tibi, segnis amans, qvod dulcia tingat acerbis,
    Felle qvod inficiat mella, cavetur Amor ?
Elysium speras, et abhorres lintre Charontis ?
    Nulla pati non sit flabra paratus amans.   K.

Omnipotence.

Beneath thy all-directing nod
Both worlds and worms are equal, God.
Thy hand the comet's orbit drew,
 And lighted yonder glowworm too.
Thou didst the dome of heaven build up,
And form yon snowdrop's silver cup.

BOWRING.

Creatio.

Rerum summe Parens, tuae bilances
Mundos lege pari librantqve vermes.
Quae scripsit manus orbitam cometae,
Et lampyridi tradidit lucernam.
Caeli tu rutilum lacunar idem
Et lili niveam creas corollam.

K.

The coming Judgment.

The world is grown old, and her pleasures are past;
The world is grown old, and her form may not last;
The world is grown old, and trembles for fear:
For sorrows abound, and judgment is near.

The sun in the heaven is languid and pale,
And feeble and few are the fruits of the vale;
And the hearts of the nations fail them for fear:
For the world is grown old, and judgment is near.

The king on his throne, the bride in her bower,
The children of pleasure, all feel the sad hour;
The roses are faded, and tasteless the cheer:
For the world is grown old, and judgment is near.

The world is grown old: but should we complain,
Who have tried her, and know that her promise is vain?
Our heart is in heaven, our home is not here,
And we look for our crown when judgment is near.

HEBER.

Epitaph.

The thorny paths of life awhile she trod,
Then gently closed her eyes, and saw her God.

Iudicium propinqvum.

Consenuit tellus fugitivaqve gaudia ponit;
Consenuit mundi non iam durabilis ordo,
Consenuit, vastoqve omnis terrore tremiscit,
Dum vis iudicio crescit veniente dolorum.
Pallidus adtonito langvescit in aethere Titan;
Vallis habet tenui minuentes ubere fructus;
Horrescunt gentes, depressae corda timore,
Qvod nunc iudicium mundo canente propinqvat.
In solio princeps, sub amoeno tegmine nupta,
Gaudia deponunt: maeret deiecta Voluptas;
Deperiere rosae; marcent Bacchusqve Ceresqve,
Iudicium mundo qvom iam canente propinqvet.
Consenuit mundus; qvid nos, pia corda, qveramur,
Gnara cohors vitae, nec rebus credula vanis?
Qveis caelum cordi est, qveis non terrestria tecta,
Nobis iudicio dat spes veniente coronam.

K.

Epitaphium.

Experta vitae consitum spinis iter
Clausit tenellum lumen et vidit Deum.

K.

The Year.

In childhood, when, with eager eyes,
  The season-measured year I viewed,
    All, garbed in fairy guise,
      Pledged constancy of good.

Spring sang of heaven; the summer flowers
  Let me gaze on, and did not fade;
    Even suns o'er autumn's bowers
      Heard my strong wish, and stayed.

They came and went, the short-lived four;
  Yet, as their varying dance they wove,
    To my young heart each bore
      Its own sure claim of love.

Far different now!—the whirling year
  Vainly my dizzy eyes pursue,
    And its fair tints appear
      All blent in one dusk hue.

Why dwell on rich autumnal lights,
  Spring-time, or winter's social ring?
    Long days are fireside nights,
      Brown autumn is fresh spring.

Then what this world to thee, my heart?
  Its gifts nor feed thee nor can bless;
    Thou hast no owner's part
      In all its fleetingness.

Annus.

Annum qvom varia dispositum vice
Mirabar cupido lumine parvulus,
    Sponderi mihi visa est
        Aeterni series boni.

Ver caeli cecinit gaudia; non Canis
Aestatis roseum praeripuit decus;
    Nec sol ipse rogatas
        Invidit foliis moras.

Venerunt Charites quattuor et vice
Discessere cita: sed puero breves
    Saltus inter amoris
        Pignus qvaeqve tulit suum.

Ut versa est species!   Ut rapidum seqvor
Annum vix oculis deficientibus!
    Pallet, praeterit omnis
        Subsidens tenebris color.

Auctumnale iubar qvid morer, aut opes
Vernas, aut hiemis concilia et choros?
    Nil Octobribus horis
        Maiae, nil brevior dies

Longo discrepat.   O pars melior mei,
Qvo te terra beat munere, qvo cibo
    Pascit?   Num fugitivi
        Menses te dominam vocant?

The flame, the storm, the quaking ground,
　　Earth's joy, earth's terror, nought is thine ;
　　　Thou must but hear the sound
　　　　Of the still voice divine.

O princely lot ! O blissful art !
　　E'en while by sense of change opprest,
　　　Thus to forecast in heart
　　　　Heaven's age of fearless rest.

LYRA APOSTOLICA.

Psalm cvii. 23-30.

They that go down to the sea in ships,
And do business in great waters ;
These men see the works of the Lord,
And his wonders in the deep.
For at his word the stormy wind ariseth,
Which lifteth up the waves thereof.
They are carried up to the heaven, and down again to
　　　　the deep :
Their soul melteth away because of their trouble.
They reel to and fro, and stagger like a drunken man,
And are at their wit's end.
So when they cry unto the Lord in their trouble,
He delivereth them out of their distress.
For he maketh the storm to cease,
So that the waves thereof are still.
Then are they glad because they are at rest :
And so he bringeth them to the haven where they would
　　　　be.

Tempestas, tonitru, flamma, tremor soli,
Terrarum timor et gaudia, nil tuum:
　　Observanda tibi una est
　　　Magni vox tenuis Dei.

O regum mihi sors sorte beatior,
Dum motus qvatiunt, dumque metus, metu
　　Sic motuqve vacantem
　　　Praesensisse animo polum!

　　　　　　　　　　　　　　　　　　K.

Miracula Ponti.

Ὅσοι βεβῶτες πόντιοι νεῶν ἔπι
ἐν εὐρυνώτῳ χρήματα σπεύδουσ᾽ ἁλί,
τούτοις πάρεστιν εἰσορᾶν τὸν Κύριον
ὁποῖα θαύματ᾽ ἐν βυθοῖς ἐργάζεται.
κείνου γὰρ ἐντέλλοντος εὐθὺς ὄρνυται
τυφὼς ἀείρων οἶδμ᾽ ἁλὸς μετάρσιον.
οἱ δ᾽ οὖν ἐς αἰθέρ᾽, ἄλλοτ᾽ ἐς πόντου βάθη
χωροῦσ᾽ ἄνω τε καὶ κάτω φορούμενοι·
καὶ πᾶς τις ἔνδον τήκεται λύπης ὕπο.
βίᾳ γὰρ ἄλλοτ᾽ ἄλλοσ᾽, ὡς οἰνωμένοι,
σκιρτῶσιν, εἰλίσσουσι παράφορον πόδα,
ἤδη παραλλάσσοντες ἔξεδροι φρενῶν.
ὅταν δ᾽ ἀμηχανοῦντες εὔχωνται Θεῷ,
ἐκρύεται σφᾶς τοῦ ταλαιπώρου πάθους.
κοιμᾷ γὰρ οὖν ἄελλαν, ὥστ᾽ ἀκύμονα
θάλασσαν εὕδειν· οἱ δ᾽ ὁρῶντες εὐδίαν
χαίρουσ᾽· ὁ δ᾽ ὅρμον ὃν ποθοῦσιν εἰσάγει.

　　　　　　　　　　　　　　　　　　T. S. E.

The Better Land.

I hear thee speak of the better land,
Thou callest its children a happy band:
Mother, oh where is that radiant shore;
Shall we not seek it, and weep no more?
Is it where the flower of the orange blows,
And the fire-flies dance through the myrtle-boughs?—
    Not there, not there, my child.

Is it where the feathery palm-trees rise,
And the date grows ripe under sunny skies;
Or midst the green islands of glittering seas,
Where fragrant forests perfume the breeze,
And strange bright birds on their starry wings
Bear the rich hues of all glorious things?—
    Not there, not there, my child.

Is it far away in some region old,
Where the river wanders o'er sands of gold,
Where the burning rays of the ruby shine,
And the diamond lights up the secret mine,
And the pearl gleams forth from the coral strand;
Is it there, sweet mother, that better land?—
    Not there, not there, my child.

Eye hath not seen it, my gentle boy;
Ear hath not heard its deep songs of joy;
Dreams cannot picture a world so fair,
Sorrow and death may not enter there;
Time doth not breathe on its fadeless bloom;
For beyond the clouds and beyond the tomb,
    It is there, it is there, my child.

Mrs. Hemans.

Arva beata.

Narras de meliore, mater, ora :
Felices ibi dicis incolentes :
Dic, mater, nitida est ubi illa tellus ?
O, si fletus abest, eamus illuc.
Anne est, aurea mala qva coruscant,
Et musca radiant flagrante myrti ?—
Illo in litore, mi puelle, non est.

Anne est, qva gracilis comare palma
Maturoqve solet tumere fructu ;
Qva virentibus insulis profunda
Lucent, et zephyros odorat arbos,
Stellatasqve avium triumphus alas
Effert omnigeno nitore pictas ?—
Illo in litore, mi puelle, non est.

An mundo procul abditur vetusto,
Qva flumen rapit aureas arenas ;
Qva secreta vibrant per antra lucem
Gemmae multicolore fulgurantes
Hinc illinc radio, coralliisqve
Litus sternitur atqve margaritis ?—
Illo in litore, mi puelle, non est.

Nullis illa oculis, puelle, visa est :
Nulla carmen in aure cantitavit :
Fingunt somnia nulla tam serenam,
Qva mors exsulet et qverela, terram :
Illi nescit edax nocere tempus :
Nam trans nubila vasta, trans sepulcrum,
Vernat, care puer, beata tellus.

K.

Sonnetto.

Dov' è, Signor, la tua grandezza antica,
E l' ammanto di luce, e l' aureo trono?
Dove il fulmin tremendo, il lampo, il tuono,
E l' atra nube che al tuo piè s' implica?

Parmi che turba rea m' insulti e dica:
Questi è il tuo Nume? e quel vagito è il suono
Scotitor de la terra? e quelle sono
Le man' ch' arser Gomorra empia impudica?

Esci, gran Dio, da l' umil cuna, e in tempio
Cangiato il vil presepio, al primo onore
Torna del soglio, e sì favella a l' empio:

Vedrai, vedrai del giusto mio furore
La forza immensa a tuo gran danno e scempio,
Tu che non sai quanto in me possa amore.

ANTONIO TOMMASI.

The Fathers.

" The fathers are in dust, yet live to God:"
    So says the Truth; as if the motionless clay
Still held the seeds of life beneath the sod,
    Smouldering and struggling till the judgment-day.

And hence we learn with reverence to esteem
    Of these frail houses, though the grave confines:
Sophist may urge his cunning tests, and deem
    That they are earth;—but they are heavenly shrines.

LYRA APOSTOLICA.

Deus in Cunis.

Nunc ubi maiestas?   Ubi nunc, Deus, aurea sedes?
  Circumfusa tibi taenia lucis ubi?
Fulgur ubi tonitruqve tuum fulmenqve tremendum,
  Qvaeqve obducta tuos inplicat umbra pedes?
Inpia gens risu me provocat: Hoc tibi numen
  Scilicet, et mundum vox qvatit ista suum?
Haene manus, qvibus ultricem iaculantibus ignem
  Neqvitiae poenas foeda Gomorra dedit?
Qvo potes usqve pati?   Templum praesepia fiant;
  Surge tuis cunis, maxume, surge, Deus:
Surge potens soliiqve tui reparatus honore
  Protere terribili voce rebelle caput:
Qvi qvid amor valeat nescis meus, in tua damna
  Qvid valeat disces vindicis ira Dei.

                                        K.

Patres sepulti.

Vivit adhuc veterum, qvi sunt in pulvere, patrum
  Cara Deo, docuit sic Deus ipse, cohors,
Ceu premerentur humo luctantia semina vitae,
  Dum rupto eliceret caespite summa dies.

Has itaqve exuvias, qvamvis sapientia mendax
  Mole putet tumuli semper inerte premi,
Debita conservat reverentia; qvaeqve sophistes
  Esse lutum fingit, sunt ea templa Dei.

                                        K.

The Restitution of Man.

O Son, in whom my soul hath chief delight,
Son of my bosom, Son who art alone
My word, my wisdom, and effectual might,
All hast thou spoken as my thoughts are, all
As my eternal purpose hath decreed:
Man shall not quite be lost, but saved who will;
Yet not of will in him, but grace in me
Freely vouchsafed; once more I will renew
His lapsed powers, though forfeit, and enthralled
By sin to foul exorbitant desires;   ⸍
Upheld by me, yet once more he shall stand
On even ground against his mortal foe;
By me upheld, that he may know how frail
His fallen condition is, and to me owe
All his deliverance, and to none but me.

MILTON.

Twofold Hope.

Reflected on the lake, I love
   To see the stars of evening glow,
So tranquil in the heaven above,
   So restless in the wave below.

Thus heavenly hope is all serene;
   But earthly hope, how bright soe'er,
Still flutters o'er this changing scene,
   As false, as fleeting, as 'tis fair.

HEBER.

Hominis Instauratio.

Ὦ Τέκνον, ἀμῆς καρδίας τὰ φίλτατα,
ἀγαπητὲ Τέκνον, ὃς μόνος πάντων ἔφυς
Σοφία Λόγος τε παντελής τ᾽ ἰσχὺς ἐμή,
προσῳδὰ μὲν πάντ᾽ εἶπας οἷς ἐφρόντισα
ξύμφωνα δ᾽ οἷς ἔγνωκ᾽ ἀπ᾽ αἰώνων ἐπὶ
αἰῶνας· ἄνθρωπος γὰρ οὐ πανώλεθρος
πέπτωκεν, ἢν δέ τις θέλῃ σωθήσεται·
οὐ μὴν θέλων μὲν κεῖνος, ἀλλ᾽ ἐμοῦ χάριν
δωρουμένου σφιν. ἐξανορθώσω δ᾽ ἔτι
κείνου μάλ᾽ αὖθις τὴν παλίρροπον φύσιν,
κεὶ νῦν πέπραται πᾶσα κἀπιθυμιῶν
κλύει περισσῶν, ἀνομίας ἡσσωμένη,
ἐμαῖς ἀρωγαῖς κεῖνος ἀντιστήσεται
ἤδη μάλ᾽ αὖθις ἴσος ἴσῳ τῷ δυσμενεῖ·
ἐμαῖς γ᾽ ἀρωγαῖς, ὡς ἂν ἐξειδῇ μαθὼν
εἰς ἣν μεθέστηκ᾽ οἰζύν, ὡς ἀμήχανος,
κἀμοί γ᾽ ὀφείλῃ παντελῆ τὰ ῥύσια.

T. S. E.

Spes duplex.

Vespertina iuvat spectare lacustribus undis
    Reddita siderei lumina mile chori :
Ut superum caeli decorent inmota lacunar,
    Inqve tremant summis inreqvieta vadis.

Sic tranqvilla nitet spes caeli praescia : sed qvae
    Ducit ab humanis spes alimenta bonis
Inradiat fragilem mutanti lumine terram,
    Pulcra, sed ah species falsa, brevisqve nitor.

K.

Lines.

Unthinking, idle, wild, and young,
I laughed and danced, and talked and sung;
And fond of health, of freedom vain,
Dreamed not of sorrow, care, or pain;
Concluding in those hours of glee
That all the world was made for me.

But when the hour of trial came,
And sickness shook this trembling frame;
When folly's gay pursuits were o'er,
And I could dance or sing no more;—
It then occurred, how sad 'twould be,
Were this world only made for me.

PRINCESS AMELIA OF ENGLAND.

Sweet are the uses of Adversity.

I have been honoured and obeyed,
  I have met scorn and slight;
And my heart loves earth's sober shade
  More than her laughing light.

For what is rule but a sad weight
  Of duty, and a snare?
What meanness, but with happier fate
  The Saviour's cross to share?

This my hid choice, though not from heaven,
  Moves on the heavenward line;
Cleanse it, good Lord, from sinful leaven,
  And make it simply thine.

LYRA APOSTOLICA.

Mutata Sententia.

Inconstans, hilaris, procax, vacabam
Choris, cantubus, omnibus cachinnis.
Libertatis amans, vigore laeta, et
Maerori medium nigrisqve curis
Ostentans digitum, superba dixi:
Haec est tota mihi creata tellus.

Sed qvom maestior ingruebat hora,
Qvom morbus tremulos gravabat artus,
Nec vano poteram vacare ludo,
Nec cantus renovare nec choreas,
Tum dixi fore triste, si creatum
Nil esset mihi, ni caduca tellus.

K.

Res Adversae.

Imperio qvondam, qvondam dignatus honore,
  Mox idem opprobrio ludibrioqve fui:
Seriaqve in terris potior mihi vesperis umbra est
  Qvam liqvida ridens ebria luce dies.
Qvid regnare tulit nisi pondus triste laboris
  Retiaqve occultis insidiosa dolis?
Et qvid pauperies? Christi suspiria, Christi
  Sortiri luctu cum leviore crucem.
Haec igitur, si non caelo demissa, voluntas
  Me tamen haud dubia ducit ad astra via.
Hanc tu labe, Deus, turpiqve adspergine purga,
  Et tibi qvae placeant omnia velle iube.

K.

Psalm cxxxix. 1-7.

O Lord, thou hast searched me out, and known me :
Thou knowest my down-sitting and mine up-rising ;
Thou understandest my thoughts long before.
Thou art about my path and about my bed,
And spiest out all my ways.
For lo there is not a word in my tongue,
But thou, O Lord, knowest it altogether.
Thou hast fashioned me behind and before,
And laid thine hand upon me.
Such knowledge is too wonderful and excellent for me :
I cannot attain unto it.
Whither shall I go then from thy Spirit,
Or whither shall I go from thy presence ?
If I climb up into heaven, thou art there :
If I go down to hell, thou art there also.

Grace.

The misty clouds that fall sometime
    And overcast the skies
Are like to troubles of our time,
    Which do but dim our eyes.

But as such dews are dried up quite
    When Phœbus shews his face,
So are sad fancies put to flight
    When God doth guide by grace.

GASCOIGNE.

Praesens Deus.

Ὦ Κύρι', οἶσθά μ' ἐξερευνήσας τορῶς,
εὐνῆς τ' ἐπαντέλλοντα κἀπιδέμνιον
πίτνονθ' ὁμοίως ἐννοεῖ μ'· ἃ δ' ἂν φρονῶ,
καὶ πρὶν φρονεῖν με προὐξεπίστασαι πάλαι.
σὺ δ' ἀμφὶ μὲν πόδ', ἀμφὶ δ' εὐναστήριον
ἀεὶ πάρει μοι, πάντας ἐξιχνοσκοπῶν
τρόπους· ἐπεί τοι κοὐ διὰ γλώσσης ἔχω
οὐδέν τι φωνεῖν, μὴ οὐ σάφ' εἰδότος σέθεν.
σύ τοι δέμας μου τά τ' ὀπίσω ξυνήρμοσας
καὶ τἀπίπροσθεν, ἐπιβαλὼν σὴν δεξιάν.
τοιαῦτ' ἐμοὶ σοφώτερ' ἢ ξυνιέναι,
γνώμην ὑπερβάλλοντα. ποῖ μὲν γὰρ λάθω
σὸν πνεῦμα, ποῖ δὲ σὴν παρουσίαν ἰών;
πτηνὸν γὰρ ἄρας σῶμ' ἐς αἰθέρος βάθη
ὁρῶ σ' ἐκεῖ παρόντα, καὶ κατὰ χθονὸς
μολὼν ὁρῶ σ' ἐνόντα κἂν Ἅιδου δόμοις.

T. S. E.

Gratia Caeli.

Ut poli qvondam nebulae serenos
Obruunt risus, ita damna vitae
Saepe ridentes oculos obortis
    Nubibus umbrant.

Utqve siccati fugiunt vapores
Aureum Phoebo referente vultum,
Sic obumbrantes fugat alma curas
    Gratia caeli.

K.

All Things are Vanity.

When mirth is full and free,
Some sudden gloom will be:
When haughty power mounts high,
The watcher's axe is nigh.
All growth has bound; when greatest found,
It hastes to die.

When the rich town, that long
Has lain its huts among,
Rears its new structures vast,
And vaunts,—it shall not last.
Bright tints that shine are but the sign
Of summer past.

When, too, thine eye surveys
With fond adoring gaze
And yearning heart thy friend,
Love to its grave doth tend.
All gifts below, save faith, but grow
Towards an end.

LYRA APOSTOLICA.

Omnia magna cadunt.

Inter soluti gaudia pectoris
Persaepe nubes ingruit horrida ;
    Utcumqve sublimi potestas
        Arce sedens dominatur orbem,

Ultor securim praeparat. Omnia
Quae procreantur limite parvulo
    Clauduntur, atqve in maius aucta
        Funere deproperant caduco.

En qua per agros sparsa mapalia
Dudum latebant, urbs nova colligit
    Caementa, et insigni domorum
        Mole nimis locuples superbit,

Mansura paullum : mox cadit obruta
Turpi ruina. Scilicet aureo
    Qvam vestit auctumnus colore
        Interitum monet arbor anni.

Qvando et sodalem pectore sedulo
Fixusqve amanti lumine suspicis,
    Iam nunc sepulcrales inire
        Fluxus Amor properat tenebras.

Qvaecumqve nobis sunt data munera
Iniurioso limite temporis
    Urgentur ; indefessa longo
        Sola fides stabilitur aevo.

H. J. H.

Christian Warfare.

Soldier, go—but not to claim
  Mouldering spoils of earth-born treasure,
Not to build a vaunting name,
  Not to dwell in tents of pleasure;
Dream not that the way is smooth,
  Hope not that the thorns are roses;
Turn no wishful eye of youth
  Where the sunny beam reposes:
      Thou hast sterner work to do,
      Hosts to cut thy passage through;
Close behind thee gulfs are burning:
Forward!—there is no returning.

Soldier, rest—but not for thee
  Spreads the world her downy pillow;
On the rock thy couch must be,
  While around thee chafes the billow;
Thine must be a watchful sleep,
  Wearier than another's waking;
Such a charge as thou dost keep
  Brooks no moment of forsaking.
      Sleep, as on the battle-field,
      Girded, grasping sword and shield:
Those thou canst not name or number
Steal upon thy broken slumber.

Soldier, rise—the war is done:
  Lo, the hosts of hell are flying;
'Twas thy Lord the battle won;
  Jesus vanquished them by dying.

Sic itur ad Astra.

Incipe, miles, iter : sed ne terrestria qvaeras
    Munera, post paucos interitura dies :
Neu cupias vano nomen memorabile fastu,
    Neve voluptatis mollia castra petas :
Neve putes iri facili super aethera cursu,
    Neu teneram spinis posse carere rosam :
Neu captes oculo tractus iuveniliter illos
    Ridet ubi aestivis solibus almus ager :
Te manet armatum labor acrior, acrior hostis ;
    Est acies telis magna domanda tuis.
Aestuat a tergo flamma fervente barathrum ;
    Protenus i recto calle : redire nefas.—
Carpe tuam, miles, requiem ; sed non tibi luxus
    Explicat ignavo stragula grata toro :
Sed tibi sufficiet scopulosa cubilia rupes,
    Qvam ferus inlisis obsidet Eurus aqvis.
Te decet adtentum longas producere noctes,
    Et somno excubiis asperiore frui.
Qvae tu difficili servas tutamine castra
    Tempore non ullo deseruisse licet.
Somnos carpe, velut pugnam introiturus, in armis,
    Inpiger, et clipeo cinctus et ense latus.
Illi, qveis numerus non est, qveis nomina desunt,
    Invadunt tacito somnia fracta gradu. —
Surge adeo, miles, confecto munere belli :
    En agitat rapidam turba nefanda fugam.
Dux tuus infernas fraudes devicit : Iesus
    Morte sua victo victor ab hoste redit.

Pass the stream—before thee lies
  All the conquered land of glory:
Hark what songs of rapture rise;
  These proclaim the victor's story;
      Soldier, lay thy weapons down,
      Quit the sword, and take the crown;
Triumph! all thy foes are banished,
Death is slain, and earth has vanished.

CHARLOTTE ELIZABETH.

Heaven.

This world is all a fleeting show,
  For man's illusion given;
The smiles of joy, the tears of woe,
Deceitful shine, deceitful flow;
  There's nothing true but Heaven.

And false the light on glory's plume
  As fading hues of even;
And love, and hope, and beauty's bloom,
Are blossoms gather'd for the tomb;
  There's nothing bright but Heaven.

Poor wanderers of a stormy day,
  From wave to wave we're driven,
And fancy's flash and reason's ray
Serve but to light the troubled way;
  There's nothing calm but Heaven.

MOORE.

Traiice iam fluvium : patet en tibi lata per arva
    Aetheris in medio clarior ora polo :
Audin', laetifica dulcedine murmurat aer,
    Dum pia victorem carmine turba sonat.
Tu qvoqve depositis clipeo, bellator, et ense
    Laetus Io magna voce Triumphe cane :
Necte comas : hostes rapuit fuga : mortua Mors est :
    In nihilum tellus, unde creata, redit.

R. B.

Caelum.

Vita fugaci pompae similis
Vanis hominem capit inlecebris ;
Risus hilares, miseri fletus,
Falsi radiant falsiqve fluunt :
    Solidi nihil est nisi caelum.

Splendet inani Gloria crista,
Ceu fluxa rubet vespere nubes ;
Et Spes et Amor Formaeqve nitor,
Qvid sunt ? Tumulo data serta novo :
    Nitidi nihil est nisi caelum.

Nos obeuntes deforme fretum
Rapit huc illuc tumor undarum ;
Vix inradiant iter incertum
Fax Aonidum, lux Rationis :
    Placidi nihil est nisi caelum.

K.

The Praise of God.

Ye mists and exhalations, that now rise
From hill or steaming lake, dusky or grey
Till the sun paint your fleecy skirts with gold,
In honour to the world's great Author rise;
Whether to deck with clouds the uncolour'd sky,
Or wet the thirsty earth with falling showers,
Rising or falling, still advance his praise.
His praise, ye winds, that from four quarters blow,
Breathe soft or loud; and wave your tops, ye pines,
With every plant, in sign of worship wave.
Fountains, and ye that warble, as ye flow,
Melodious murmurs, warbling tune his praise.
Join voices, all ye living souls; ye birds,
That singing up to heaven-gate ascend,
Bear on your wings and in your notes his praise.
Ye that in waters glide, and ye that walk
The earth, and stately tread, or lowly creep;
Witness if I be silent, morn or even,
To hill or valley, fountain or fresh shade,
Made vocal by my song, and taught his praise.

MILTON.

The Parish Priest to his Successor.

If thou dost find
A house built to thy mind
Without thy cost,
Serve thou the more
God and the poor;
My labour is not lost.

HERBERT.

Deum laudate.

Aerii humores, terrai spiritus udae,
Qvi sudante lacu vel aqvosis collibus orti
Nunc ferrugineum submittitis aera, donec
Vellera Sol extrema suo pertinxerit auro,
Vos rerum Artifici iam adsurgite: sive colorum
Purum fert animus nebulis inludere caelum,
Sive cadente solum bibulum conspergere rore,
Surgentes laudate Deum, laudate cadentes.
Qvattuor effusae mundi regionibus aurae,
Nunc humiles, nunc admissae, praeconia laudum
Adspirate Deo.   Deflectite culmina, pinus,
More salutantum, et plantarum qvidqvid ubiqve est.
Flumina, qvae prono strepitis numerosa liqvore,
Lympharum numeris dias intexite laudes.
Unam, viva cohors animarum, tollite vocem.
Aetheriae volucres, qvibus usqve canentibus itur
Ad portam caeli, pennisqve et gutture laudes
Ferte Deo.   Testor vos, qvae mare curritis, et qvae
Adsiduo terram teritis pede, sive superbo
Incedentia sive humili reptantia gressu;
Nec veniente die nec decedente silebo
Qvin doceam vallesqve cavas clivosqve cubantes
Umbrasqve fluviosque Deum laudare canendo.

T. S. E.

Aedes Parochiales.

Haec tibi si cordi est, qvi nunc mea munia curas,
  Sumtubus haud propriis aedificata domus,
Da tu pauperibus tanto plus ipse Deoqve:
  Sic poterit noster non periisse labor.

K.

Satio.

Aurea sulcatae confidis semina terrae ;
   Praecipis et laeto pectore veris opes.
Haud secus aeternos fructum paritura per annos
   Temporis in sulcis grandia facta sere.

K. (*ex* SCHILLERO.)

Illustrissuma Principissa Victoria

In Venatione Vulpis interest apud Piceum-Vadum, qvae Villa
est prope Salopiam Honoratissumi Comitis de Liverpool,

A.S. MDCCC.XXXII.

Ecce super campum, campo qva silva recedit,
  Undiqve venatrix it glomerata manus.
Vestibus arva rubent; late tuba personat aures;
  Nempe feri Martis signa Diana capit.
Audivere sonos antiqva palatia regum,
  Audivit picea fons medicatus aqva :
Ipsa procul celeri dum ludit in amne Sabrina,
  Capta sono liqvidum lentior urget iter.
Prosilit en vulpes ! visae vestigia praedae
  Qvanta virum servant agmina, qvanta canum !

Prosilit en vulpes! sed qvae mora tardat euntem?
   Non, veluti mos est vulpibus, illa fugit;
Iam volat e latebris; iam non fugit ecce; reverti
   Ad specus antiqvum notaqve lustra parat.
Sicine nec campi neqve habent dumeta salutem?
   Nec sua fraus illam calliditasqve iuvat?
Qva prope de rheda Venatrix Regia cursus
   Prospicit, audaci vertitur illa fuga.
I procul hinc vulpes; non hic tutamina fraudi;
   Nulla salus sceleri est praesidiumve tuo.
Regia, si nescis, spectant te lumina; qvin tu
   Fortiter instantem disce subire necem.
Nec mora; qvae fuerat tanto stupefacta tumultu
   Deposito sumit fortia corda metu;
Nam voluit, vitae qvom spes sibi nulla maneret,
   Viveret ut fama, splendida praeda mori.
Felix morte tua, cui tantum funus honoris
   Adtulit: exuvias regia dextra capit.
Felix morte tua: tu non sine laude iacebis,
   Inter vulpinum gloria prima genus.

W. G. H.

Χαλεπὰ τὰ καλά.

Κύπριν, Ἀθηναίην, Ἥρην Πάρις εἶδε βραβεύσων,
   εὗρε δ' ἰδὼν κρίνειν ὡς χαλέπ' ἦν τὰ καλά.
εἶτ' ἔμολεν Σπάρτην Ἑλένης δι' ἔρωτα, τὸ δ' εὐθὺς
   εὗρε μολὼν κλέπτειν ὡς χαλέπ' ἦν τὰ καλά.
ἐν δὲ τέλει πλοῦτόν τ' ὀλέσας ἄλοχόν τε βίον τε
   εὗρε θανὼν σώζειν ὡς χαλέπ' ἦν τὰ καλά.

C. T. C.

Terris mutantem regna Cometen.

O Tu, capillis cincte flagrantibus,
Qvem vestit atra terror imagine,
 Caecosqve moturum tumultus
  Regna pavent utriusqve mundi :

Qvo nunc per aethram flectis iter vagum
Albae feraci lucis in aeqvore ?
 Cur igne ferali refulges
  Caeruleae novus hospes aurae ?

O si profundae Noctis in ultumos
Tollar recessus, ut loca devia
 Orasqve discretas solutus
  Obstupeam vacuosqve tractus ;

Qva parte sacri fulguris inpetus
Per caeca rumpit murmura nubium,
 Et nigra maiestas procellae
  De rutilo procul ardet axe ;

Tuqve a sedili despicis arduo,
Cometa, coetus sidereos poli,
 Lunaeqve contemplans labores
  Per superas spatiaris aulas.

Te cautus horret navita, marmoris
Demensus astris dorsa tumentia ;
 Te pastor adspecto nivosis
  E speculis animum fatigat,

N N

Ne celsiores flumina maereant
Contracta ripas, ne sitiant greges,
    Virumqve letalem capillis
       Decutias rapidasqve pestes.

Te semper anteit dura Necessitas
Terras tuentem lumine lugubri
    Plumaque devectum rubenti
       Per nebulas pluviosqve rores:

Terrorqve cristis excubias agens
Pernoctat.   O Fax per liqvidum aethera
    Qvae volvis indefessa flammas,
       Regibus exitiale lumen,

Qvid mirum, ubi astris supplicia imminent
Insculpta, si qvis membra perhorruit
    Qvicumqve concepit sub imo
       Corde nefas tacitamqve fraudem?

Num forte longa nocte latentium
Funesta nutris praemia criminum,
    Et sera poenarum ministra
       Funereos alis intus ignes;

An tu remoti conscia temporis
Inpune rerum conspicis exitus,
    Et agmen annorum silenti
       Deproperans in inane lapsu:

Seu nuntiasti funera Caesaris
Inauspicato flebilis omine,
    Verosqve fovisti timores
       Plena minis trepidoqve fato,

Seu luctuoso tramite fluctuans
Sionis arces sub pede prorutas
   Fractasqve vidisti columnas
      Dedecoris male certa vates,

Humana gaudens ludere pectora
Ludo insolenti? Nunc Sapientia,
   Lux alma naturae, fugavit
      Explicito propiore vultu

Qvae mente vana somnia pristinae
Finxere gentes. Te nihil adtinet,
   O stella, qvid texat minaci
      Parca colo, neqve si ruinae

Caeca ingruat vis : nil magis orbitae
Determinatae vincula negligis
   Gyrosqve vulgares et arctum
      Spernis iter fugiente penna.

Sed qvo recedis devia? Iam mihi,
Ceu fumus, auras in tenues abis
   Extincta, nec taedae supersunt
      Auricomae vigilisqve flammae

Damnosus ardor. Te revocat chaos
Et nox et aetas et fuga mensium
   Aeterna. Qvas mundi latebras,
      Qvem repetis fugitiva nidum?

Post longa forsan secula posteros
Annos revises. Vivet adhuc ager
   Campestris et colles et almi
      Ruris honos nemorumqve fontes :

Et aura silvae nata recessubus
Ludet per agros.   Hos tamen obpriment
   Tum fata, pallentisqve busti
     Frigus iners et opacus horror

Custodiet, qvos vere puertiae
Cernis fruentes.   Nec poterit lyra
   Te rursus adfari; sed ipsi
     Qvi tenui damus ore carmen

Nos heu sub urna surdus et inmemor
Pulvis relicto sole iacebimus,
   Duroqve compressi sopore
     Tartarea potiemur umbra:

Dum tu perenni luce superbiens
Pergis remotos visere nubium
   Tractus, et extremos per orbes
     Indomitis volitare pennis.

M. L.

Inest sua gratia parvis.

Ite graves voces, et inepto pondere verba:
   Nomina si modo sunt parvula, grata sonant.
Bellula bella vocetur: amicus amiculus esto:
   Accipe, non versus, accipe versiculos.

A. M. H.

O snatch'd away in Beauty's Bloom.

O rapta in ipso flore pulcritudinis,
Te non sepulcri pondus ignavum premet,
Tuum sed usqve caespitem nascens rosa
Servabit ultro, prima veris advena,
Almaqve surgens nube honor cupressinus.
Hic caerulos adclinis ad fontes aqvae
Demissus ora somniabitur Dolor,
Desideriqve pascet angorem sui;
Vixqve inmoranti caespitem premet pede;
Frustra: sepultos ille nil turbat gradus.
At at qverelae parce: nil fletus valent,
Nec curat atra Mors neqve exaudit preces.
Esto: qvis inde dedocebitur qveri?
Unone flentum turba sic fiet minor?
Ipsi, malorum cui placent oblivia,
Tibi ora pallent, fletubus madent genae.

H. J. H. (ex Byrono.)

In Tabellam Landserianam

Cui titulus ' The Random Shot.'

Σοὶ πίνακ', Ἄρτεμι, τόνδε πικρῶν θέτο μάρτυρον ἔργων
ζωγράφος, εἴτε τεῶν, εἴτε καὶ ἀλλοτρίων.
οὔθατι νεβρὸν ὁρᾷς πρὸς μητέρος, ἡ δ' ἀπὸ πλευρῆς
οὔρεος αἱμάσσει μαρμαρέην χιόνα.
μή νυ κότει κλαίουσα· τὰ δὲ κλυτὰ τόξ' ἀπόβαλλε·
ἢ γὰρ ἄγρης λήγειν ἢ σέ γε χρὴ δακρύων.

J. R.

Κακῶς τὸ μέλλον ἱστορῶν.

Iam violens haeret victor Rubiconis ad undas;
    Pectus agunt dubia spesqve timorqve vice:
Illinc spes stimulat magni praesaga triumphi,
    Hinc timor in patrios praepedit arma deos.
At pietas tandem furibunda vincitur ira;
    Cedit amor patriae pulsus amore sui.
Desilit obpositum fati securus in amnem,
    Nec civis Latios transit, at hostis, agros.
I demens, gladio regalem conripe sedem;
    Scinde cruentatam tuta per arva viam.
Nonne foret satius parta requiescere fama,
    Inter et egregios dux nituisse duces?
Civibus edomitis qvaenam tibi gloria restat?
    Nil decoris tulerint sella, triumphus, opes.
Qvid sit Caesareus Pharsalia sentiat ensis,
    Et nomen Magni nomine maius emas;
Cura vigil solio sedet assecla; caeca pericla,
    Vitaqve perpetua morte trahenda manet.
Instrumenta necis surgunt, queis fidis, amici,
    Libertas sicam, qva feriare, parat.
Invitus vindex aderis tu, Brute, tyranni:
    Carior en caro Caesare Roma vocat.
Opprobrium gentis Mars ulciscetur amatae,
    Exiget et poenas Idubus ipse suis.

F. E. G.

Dux fortissumus Pennycuick cum Filio
Indico Bello interfectus.

Ἥρως ἐν προμάχοισι πατὴρ πέσεν· εἶξαν ἑταῖροι·
    ἀμφὶ μόνος βεβαὼς παῖς πατέρ᾽ ἀμφέπεσεν.

J. R.

Aurea Testudo.

Aurea testudo, sic te Thymbraeus Apollo,
  Sic tangat docta Calliopea manu,
Qvae te tanta deum finxit sollertia? cuius
  Praebuit artificis dextera tale melos?
Credo eqvidem, nec vana fides, caelestis origo
  Est tibi, caelestes te genuere manus.
Olim per Cynthi, Phoebo comitante, recessus
  Ibat venatu laeta Diana suo:
Ibat inauratis humeros armata sagittis,
  Lunatoqve arcu tela parata tenet.
Non Phoebus pharetram, non Phoebus flexile cornu
  Possidet, at vacuas commovet ille manus:
Et nondum Aonia redimitus tempora lauru
  Verberat intonsis ora genasqve comis.
Adspicit ecce procul latitantem Delia cervum,
  Adspicit, et morti destinat illa feram.
Nec mora, curvatum cornu contendit in orbem;
  Dirigit in cervi spicula certa latus.
Dat sonitum nervus.   Volat en letalis arundo:
  Inruit in praedam laeta Diana suam.
Qvid Phoebus? simul ac nervi sonus occupat aures,
  Sub memori sollers pectore versat opus.
Gaudia non illi victricis saeva sororis,
  Gloria non illi sangvinolenta placet.
Format opus nervis nervos imitantibus arcus;
  Icta docet certos reddere fila sonos:
Atqve ait exsultans: Iactet Diana sagittas,
  Armaqve non armis anteferenda meis.
Scilicet hoc vincam summorum pectora divum,
  Hoc vincam qvidqvid maxumus orbis habet.
Aurea testudo, sic te formavit Apollo,
  Sic tibi divinum praebuit ipse melos.

J. B.

Nonae redeunt Decembres.

Qvom lapsi redeunt menses festumqve Decembre,
   Anna culinari praeparat arte dapes.
Exta boum in partes scinduntur opima minutas,
   Hinc inde arvinae pingvia frusta micant.
Ductile triticeo butyrum pulvere miscet,
   Glutineumqve habili pollice format opus.
Ut sapiat bene, pruna, merum, bellaria qvaerit;
   Tum madet infusa flexile gluten aqva.
Erigit et niveo Cerealia moenia farre :
   Surgit odorato massa rotunda sinu.
Haec bo :: sed stomacho melior fultura voraci
   Fumant supposito frusta bovina foco.
Ne melimela aliqvis, ne pulmentaria qvaerat,
   Neu qvas ostentat Gallica mensa dapes.
Adtenuent hostes bellaria macra; Britannis
   Haec crura, hos humeros terga dedere boum.
Sic nobis epulis fas indulsisse qvotannis;
   Cum festa redeunt tempora festa dape.
Iamqve foco lymphae purum fervescat ahenum;
   Indica vim proprii det mihi canna meri.
Mellitos eadem destillet canna sapores;
   Eoae redolens detur aroma nucis;
Poma elisa acidos emittant citrea succos;
   Digna viro sunt haec pocula, digna deo.
Sunt etiam nivei qvi miscent flumina lactis;
   Qvisqve suum capiat; me sine lacte iuvat.
Haec non vinosus fastidit pocula Rufus,
   Haec qvoqve, sit qvamvis sobria, Phyllis amat :
Nempe liqvor mixtus cordi fit utriqve, bibisse
   Altera dum vinum se negat, alter aqvam.
                                   C. J. T.

Bright be the Place of thy Soul.

Sit sine nocte dies qvocumqve vagatur in orbe
  Mens tua, corporeo libera facta luto:
Mens tua, qva nunqvam mortalia vincula rupit
  Pulcrior, aetheriis adsocianda choris.
Hospes eras terrae, modo non divina, parumper;
  Sidera divinam te tua semper habent.
Nec nimiae deceat nos indulgere qverelae,
  Qvom vocet in gremium te Deus ipse suum.
Nobile gemmanti vernet tibi caespite bustum,
  Et premat exiguo pondere terra caput:
Absint indigni feralia signa doloris;
  Non inter lacrumas fas meminisse tui.
Hunc florum sollemnis honor myrtusqve perennis
  Rite sacret memori religione locum:
Sit tamen atra procul taxus, tristisqve cupressi
  Qvae male tam fausto convenit umbra rogo.

S. M. (ex Byrono.)

Epitaphium.

Ἴφι μαχησάμενοι τῆς Ἑλλάδος εἵνεκα πάσης
  ὧδ᾽ ἐνὶ ταῖς ἱεραῖς κείμεθα Θερμοπύλαις·
ἡμᾶς δ᾽ ἡμετέροιο Λεωνίδου ἄλκιμον ἦτορ
  ἤγαγεν εἰς νίκην, ἤγαγεν εἰς θάνατον.
τοὺς δὲ βροτῶν μάκαρας φάμεν ἐμμέναι, οὓς ἔλε μοῖρα
  μαρναμένους κοινῆς εἵνεκ᾽ ἐλευθερίης.

F. W.

o o

Ulysses.

Ὦ πόποι, οὔ τοι ταῦτα θέμις ἀνεμώλιον αὔτως
οἴκῳ ἐν εὐκήλῳ, πέτρας ὕπο παιπαλοέσσης,
γραίας ἀμφ' ἀλόχου βασιλευέμεν· ἦ ῥα θέμιστας
δεῖ με καπηλεύειν γενεῇ τοιῇδε μετ' ἀνδρῶν
νηπίῃ, οἵτε πανημέριον μεγάροισι ἑοῖσιν
εὔδουσ' ἢ μεθύουσιν ἀτάσθαλοι, οὐδ' ἔτ' ἐμεῖο
μνήσαντ'; ἀλλά μοι ἦτορ ἐνὶ στήθεσσιν ἄνωγεν
πάντα περ ἐξαντλεῖν, τά τέ κεν δώωσι θεοί περ.
πλάγξομ'· ἐπεὶ κακὰ πολλὰ πέπονθά τε, πολλά τ' ἄρ'
    ἐσθλὰ
ἀμφ' ἑτάρους ἐριῆρας, ἔπειτα δὲ νόσφιν ἐρυχθείς,
Πληϊάδων ἅμα δυσμῷ, ὅτ' ἠερόεσσα θάλασσα
πνεύμασι τετρήχει, κραιπνὸς δ' ἐπιδέδρομε λαῖλαψ·
εὐρύ τέ μοι κλέος ἐστὶν ἐν ἀνδράσιν ἀλφηστῇσιν.
αἰεὶ δ' ἐν στήθεσσι λιλαιόμενός περ ὁδοῖο
πολλῶν ἀνθρώπων ἴδον ἄστεα καὶ νόον ἔγνων.

G. O. M. (*ex* TENNYSONO.)

Prudens Simplicitas.

Fama refert Sextum studiis incumbere nolle,
    Qvom tamen aetatem iam tria lustra notant.
Qvidni? litterulas nondum didicisse fatetur
    Sextus, et a multis iure vocatur hebes.
Ni fallor, iuvenem librorum copia terret,
    Inqve sua prudens simplicitate manet.

Δ. G. II.

Arcadiae gelidos invisere Fontes.

Arcadiae fontes divinaqve gaudia ruris,
  Digna qvidem plectro nobiliore, cano.
Hic Natura parens veteres sibi vindicat aras
  Fanaqve, qva merito possit honore frui.
Pan amat Arcadiae nemus umbrososqve recessus;
  Hinc colitur votis, nomen habetqve dei.
Hic qvoqve triticeas segetes invisere qvondam
  Fertur et in campis delituisse Ceres.
Naïades proprios sacrant, bona numina, fontes;
  Ipsaqve felicem Musa tuetur humum.
Phoebus ubi Eoas curru supereminet undas,
  Utqve gigas, rutilum carpere gestit iter,
Suave est erranti per culta novalia passim
  Delicias picti dinumerare soli.
Undiqve ridet ager: mitis nemus aura secundat;
  Purpureas ultro vinea promit opes:
Lacte novo ditant spumantia mulctra capellae;
  Inter et adsiduum cantat arator opus:
Rusticus indociles cogit sub vomere tauros;
  Palantes revocat carmine pastor oves:
Rivulus invitat somnum: levis aura susurros
  Integrat, aetherium visa sonare melos.
Qvom tamen occiduis sol sese exstinxit in undis,
  Iamqve viris longi meta laboris adest;
Lascivi redeunt saturis cum matribus hoedi;
  Aqve capris rabidos arcet ovile lupos.
Qvalia nocturnum fallunt tunc gaudia tempus!
  Qvamqve foci laetis insonuere iocis!
Lata ubi per medios expanditur area campos,
  Totus amat solitos pagus inire choros.

Instituunt Satyri ludos Dryadesqve puellae,
  Dulcisonos Fauno praecipiente modos.
Excipiunt omnes alterno carmina versu;
  Dum canit ille, silent; dum silet ille, canunt.
Phyllida dum Corydon ardens comitatur amantem,
  Oscula felici datqve rapitqve vice;
Suaviter et sponsae adridens suspirat amator,
  Dulce mihi tecum est vivere, dulce mori!

J. F.

Dulce Periculum.

Τέρπεται ἀμβροσίῃ τὸ φίλον μοι γηθοσύνῃ κῆρ
  τὼ δύο τῆς καλῆς ὄμματ᾽ ἰδόντι Χλόης.—
ἆ φίλε, μὴ τερπνὸν θάρρει κίνδυνον· Ἔρως γὰρ
  ὄμμασι τοιούτοις δεινὸς ἔπεστι φύλαξ.

W. B. T. J.

Vir bonus est qvis?

Saepe decem noctes thalamum sponsamqve relinqvis,
  Nec piget interea, Pontice; vir bonus es:
Alea tum cordi est, Bacchiqve rubentia pocla;
  Ebrius es semper, Pontice; vir gravis es:
Et subolem sensim vitia ad maiora pusillam
  Instruis exemplo, Pontice; vir pius es.
Tot scelerum facies his qvom vicinia laudat
  Nominibus, dic, qvis, Pontice, vir malus est?

C. W. B.

Awake, Æolian Lyre, awake.

Depelle somnum et dic age fervidis
Dic laeta chordis Aeolium melos,
    Divina Testudo: canora
        Mile fluunt Heliconis arce

Vocalium cum murmure fontium
Rivi meantes, qvos sitientium
    Floresqve pratorum et fragranti
        Vallis amat decorata risu.

Nunc lympha, multis devia flexubus,
Levi fluento non sine viribus
    Lambit virescentes recessus
        Et Cereris geniale regnum:

Nunc latiori prona licentia
Secum labantum culmina rupium
    Devolvit avulsosqve truncos
        Et virides Heliconis umbras.

Salve lubentum blanda cupidinum
Regina, victi pectoris arbitra:
    Te Luctus exauditqve Cura,
        Te placidis inimica ludis

Vindicta lenem fassa potentiam.
Audit cruento dirus ab Ismaro
    Gradivus, infraenatqve currus
        Et rabiem sitientis hastae:

Audit corusco de solio Iovis
Bellator ales; mox piceus sopor
    Compescit alarum fragorem et
      Fulmineos oculi minacis

Condit furores.   Te seqvitur Chorus,
Utcumqve molli in gramine coetubus
    Bacchata per noctem protervis
      Idalias Cytherea nymphas

Iunctas gemellis ducit Amoribus:
Praesens Voluptas et roseus Pudor
    Et laeta Ludorum caterva,
      Virgineae comites choreae,

Nunc involuto non semel ordine
Terram trementi concutiunt pede;
    Nunc qvaeqve certatim volanti
      Qvamqve fugit seqviturqve planta.

Sed Musa molles solvitur in modos:
En ipsa nexis non sine Gratiis
    Regina procedit: decentes
      Ad numerum fluitant lacerti

Sublime in auras: en facili viam
Spectanda lapsu conripit; en genae
    Pellacis undantisqve colli
      Purpureos Amor auget ignes.

          E. H. C. (*ex* GRAIO.)

Prospero loqvitur.

Vos colliumqve fluminumqve praesides
Nemorumqve Nymphae, qvaeqve celebratis lacus,
Et vos, choreae, qvae volante litora
Vix summa planta raditis, Neptunios
Fluctus seqvutae nunc recedentis sali,
Nunc agilem ab adcedente conversae pedem,
Valete; vosqve, parva larvarum cohors,
Qvaecumqve facitis circulos mutabili
Fulgente luna, qva nociva gramina,
Acidaqve morsus abstinent humo greges:
Fungosqve si qvas nocte sublustri iuvat
Sparsisse, ferreasqve campanae minas
Audire primo vesperae crepusculo:
Qvibus potentibus qvidem parvis licet
Usus magistris aureum solis iubar
Caliginosa saepe nocte condidi;
Et evocavi flaminum discordiam,
Interqve pelagum et arcuata sidera
Audax tumultuosa bella miscui;
Et in verendum robur aeterni Iovis
Trisulca torsi tela et ignes ipsius;
Et nunc revelli rupium fundamina,
Nunc et cupressus atqve pinus erutas
Verti, suisqve de sepulcris mortuos
Olim cievi cantubus vinctos meis:
Vos atqve magici qvidqvid est usqvam doli
Valete: iam tellure virgam hanc obruam
Fractam, scelestis altius ligonibus,
Et sacra in undas exigam volumina
Sub intumo celanda Neptuni specu.

A. L. (ex SHAKSPERIO.)

Io Aeschylea.

Heu heu potenti numinis inpetu
Mens plena rursus fluctuat: intumo
    Sub corde debacchatur ignis
        Et resides animat dolores.

Sed, ne subactis sensubus imperet,
Formam bubulci, Terra parens, precor,
    Averte centenis timendam
        Luminibus tacitaqve fraude:

Averte, qvi me missus ab inferis
Argus per oras inseqvitur maris;
    Averte, qvem vinctum sub imo
        Terra sinu cohibere nescit.

Iam iam per aures somniferum melos
Lassas avenae sibilat.   Heu Pater,
    Qvid semper insano subactum
        Debilitas animum tumultu?

Qvae me paventem sors nimis aspera
Inhospitales adpulit ad plagas?
    An talis aeternum flagrabit
        Adsiduae mihi caussa noxae?

Caelestis ultor respice, Iuppiter,
Insanientem respice virginem:
    Esto: neqve ingratam subibo
        Sive mari lubet aestuoso

Sive igne mortem; scilicet inscia
Qvid sit futuri perfugium mali
   Mens fessa curarum labascit,
    Victa metu venientis aevi.

H. A. M.

Aegrescit medendo.

Λυσιμάχου τόδε σῆμα, τὸν εἰκοσετῆ περ ἐόντα
  δέξατο Περσεφόνας κυάνεος θάλαμος.
εἰ τάχ᾽ ἐρωτῴης πόθεν ἦν νόσος ἤ μιν ἔπεφνεν,
  τέρμα δὲ πῶς οὕτως ὢν νέος εὗρε βίου,
ἴσθι τόδ᾽, ὢν ὑγιὴς ὑγιέστερος ἤθελεν εἶναι,
  δέξατ᾽ ἀπ᾽ ἰατροῦ φάρμακον, εὗρε νόσον.

G. F. H.

Πλέον ἥμισυ παντός.

Uno oculo mancum crure uno unoqve lacerto
  Excipit emeritum fida Lycoris Hylan.
Sicine, miles ait, tali male virgine dignum,
  Sicine me reducem laeta, Lycori, vides?
Te petit Antinous, iuvenum rosa, qvem sibi mater
  Qvaeqve cupit generum, qvaeqve puella virum.
Te petit Antinous: qvid Hylae sperare licebit,
  Qvi mutilus rediit dimidiumqve sui?
Illa inter lacrumas ridens, Mihi carior, inqvit,
  Antinoo toto dimidiatus Hylas.

K.

Hannibal transit Alpes.

An sic moraris, miles?　Age arduos
Passus labores, perge pati (timor
　　Testatur ignavos) novisqve
　　　　Sume novos animos periclis.

Praegressus ibo: non ego perfidum
Dixi sacramentum: inseqvar, inseqvar,
　　Patrisqve et altaris dataeqve
　　　　Rite memor fidei, Qvirites.

Sic clamat atrox Hannibal et ruit
Ardentis instar fulminis Alpium
　　Per summa, subiectasqve late
　　　　Spernit ovans pedibus pruinas,

Et stat gelatis victor in arcibus.
Illum in nivosis nubibus abditum
　　Interqve concretos rigores
　　　　Viribus Herculeis ruentem

Stupescit infra miles, et inseqvi
Certus salebras pallet inhospitas,
　　Nunqvam tot expertus labores,
　　　　Tanta famis mala, tanta belli.

Illic paventi lumine suspicit
Alte fragosis montibus additos
　　Montes et auscultat procellae
　　　　Saxifragae fremituqve Cori:

Dum lapsa longe fragmina rupium
Vallisqve raucis icta tumultubus
   Auget timores, inqve vultus
     Ventus agens gelidas pruinas.

Atqvi morantes increpat Hannibal,
Obstare densis molibus inpiger,
   Dextraqve victrici Latinas,
     Temperie placidas serena,

Ostentat oras desuper, et diu
Defixa pascit lumina, qva patent
   Campiqve vicinisqve valles
     Eridani riguae fluentis.

A. H.

Alpheus.

Subter aqvas Alpheus et humida regna silenti
   Amne petit fluctus, fons Arethusa, tuos.
Dos vehitur, floresqve novi frondesqve revulsae,
   Sacraqve flumineas signat arena vias;
Labitur interea luctans uxorius amnis,
   Nec mare, qvod praebet, novit amantis iter.
Qvaeritur, hic amnis cur nolit in aeqvora fundi?
   Ille puer causae est, insidiosus Amor.
Fraude mala philtrisqve potens vel flumen amare
   Iussit, et intactas per mare flexit aqvas.

H. (ex Moscho.)

Fair Fidele's grassy Tomb.

Candida qva viridi dormit sub caespite virgo,
    Saepe petet pastor, saepe puella locum.
Primitiasqve ferent anni, nova germina florum,
    Verqve renascentis qvidqvid odoris habet.
Non unqvam hic ululans errabit larva: qvietum
    Non aget hic qverula voce molesta nemus;
At tenerae pastor captabit verba puellae,
    Qvae molli langvens igne fatetur: Amo.
Viserit haud unqvam rugosa venefica silvam,
    Nec lemurum ducent agmina nocte choros:
Sed repetent herbam, silvestria numina, nymphae,
    Et tumulum spargent rore nitente tuum.
Saepius huc veniet vergente rubecula Phoebo,
    Nec renuet parvam parva volucris opem;
Sed feret albentem muscum floresqve revulsos,
    Suave decus sacrae, qva tumularis, humo.
Verum ubi raucisoni pluvio cum turbine Cauri
    Silvestrem qvatiet saeva procella domum,
Aut ubi venando super omnia tollimur arva,
    Te memori recolent pectora nostra fide.
Reddiderit menti nemorum te qvisqve recessus,
    Te lacrumis noster rite sacrabit amor.
Semper amanda tuis, dum vitae gratia restat,
    Dumqve Dolor superest ipse, dolenda, vale.

                J. H. L. C. (*ex* COLLINSIO.)

Nemesis.

Te Nemesis normaqve monet frenisqve, viator,
Ne facias enormia neve effrena loqvaris.

                W. H. T. (*ex Anthol. Gr.*)

The last Rose of Summer.

Ultumus aestiva tenerarum e gente rosarum
  Flos desolatis eminet ille comis.
Lucida de toto circum vicinia prato
  Vanuit, ac sociae deperiere rosae :
Non adstare pari cernuntur origine flores,
  Non consangvineus propter hiare calyx,
Qvi suspiranti referat suspiria, cuiqve
  Mutuus in tremulo luceat ore rubor.
Non ego te patiar, deserta, senescere solam,
  Nec trahere in vacuo taedia longa rubo :
Qvandoqvidem data sunt pulcerrima qvaeqve sopori,
  Tu qvoqve sopitis adnumerere rosis.
Nec mora, lapsuras per maesta cubilia frondes
  Non inclementi spargimus ecce manu,
Qva iam purpureis animam exhalavit in hortis
  Illa sodalitii gens inodora tui.

               H. T. (*ex* MOORIO.)

Moritura Virgo.

Taxum sternite lugubrem,
  Huc vos in tumulo sternite, virgines,
Et glaucum salicis decus ;
  Intactaqve mori dicite me fide.

Tu fallax fueras, puer ;
  Fido Leuconoe pectore vixero :
Tellus, adcipe leniter,
  Et pondus cineri fac leve sis meo.

            H. J. T. (*ex* FLETCHERO.)

Sertum Cupressinum.

Aut nullum, Lalage, necte mihi, precor,
Aut sertum foliis necte cupressinis.
Resplendent nimio lilia lumine,
Et pictae nimium stirps nitet arbuti;

Calthis mixta rosae suave rubentia
Nostro serta caput laetius ambiant;
At nullum, Lalage, necte mihi, precor,
Aut sertum foliis necte cupressinis.

Vernanti decoret tempora pampino
Subridens facili laetitia Iocus;
Fortem pro patria sepiat aesculus;
Aptum consiliis taxus amet senem;

Spem reddit miseris myrtus amantibus,
Sed myrtum, Lalage, tu mihi denegas:
Ergo mitte leves nectere flosculos,
Et frondes potius texe cupressinas.

Tollat laeta rosas Anglia compares,
Qvae multo rapuit sanguine praemia,
Innectatqve mitrae Scotia caerulae
Stillantes liqvido rore thymi comas;

Flos cristam nitidae cingat Hiberniae
Qvi vernat trifida fronde smaragdinus:
At nullam, Lalage, necte mihi, precor,
Aut sertum foliis necte cupressinis.

Inter clara lyrae carmina virgines
Musaeis hederam crinibus inplicent :
Et sertum foliis nobile laureis
Victor sangvinea dum properat manu,

Praeclaram lituus clangat adoream :
Tu qvom funereae murmura naeniae
Audis, tunc, Lalage, necte mihi, precor,
Tunc sertum foliis necte cupressinis.

Frondem texe mihi texe cupressinam,
Nec iam texe : brevis da spatium morae,
Dum tempus rapidum fugerit, ultumo
Dum te deficiens lumine videro ;

Qvom supra tumulum ruricolae meum
Rutas et violae munera luteae
Spargent, tunc, Lalage, necte mihi, precor,
Tunc sertum foliis necte cupressinis.

F. M. (*ex* Scotto.)

Magnas inter Opes inops.

Τάνταλος εἰς Ἀΐδου πεμφθεὶς χαλέπ' ἄλγεα πάσχει·
οὐ δύναται μέσσοις εἰν ὑδάτεσσι πιεῖν.
ζῇ δὲ καὶ ὡσαύτως ὁ φιλάργυρος· ἐς βίοτον γάρ,
ἐν μέσσοις περ ἐὼν χρήμασιν, οὐδὲν ἔχει.

T. B.

O Nannie, wilt thou gang wi' me ?

Vin' tu, Lesbia, demigrare mecum,
Lauta cedere nec pigebit urbe?
An possunt tacitae placere valles
Et pauper casa crassiorqve palla?
Non bombycina rursus indueris,
Non pellucidulas superba gemmas,
Sed regum fugies opesqve et aulas,
Qva tu flos fueras venustiorum?

Nec qvom, Lesbia, fugeris, madentes
Unqvam reiicies avens ocellos?
Haec frons inmodicos feretne soles
Et morsus hiemum severiorum?
Haec duros scierit pati labores
Tam mellita figura, tam tenella,
Nec vano repetet dolore sedes
Qva tu flos fueras venustiorum?

An sic, Lesbia, amas, ut omne mecum
Adjutrix obeas lubens periclum,
Ut, qvidqvid dederit deus malorum,
Tu solatiolum feras dolenti?
Aegros tune viri febricitantis
Angores studiosa mitigabis,
Nec liqvisse hilares pigebit aulas,
Qva tu flos fueras venustiorum?

Qvom mors obprimet ingruens amantem,
Tu labris animam leges fugacem,
Tune, omnem gemitum premens, sereno
Pulvinum exhilarabis alma risu?

Et tu purpureis meam favillam
Sparges floribus et cadente gutta,
Nec votis loca laeta tunc reqvires
Qva tu flos fueras venustiorum ?

W. O. (ex Percio.)

Peace be around Thee.

Te circum Pax alma volet, qvocumqve vagaris,
   Unum eat aestivum vita imitata diem ;
Qvidqvid et in votis fuerit tibi, amabile qvidqvid,
   Sit comes ad laetas concelebretqve vias.
Maeror ubi qvando placidum maculaverit aevum,
   Splendet ut ex verno gratior imbre dies,
Secius haud lacrumis fuga maturetur, ut ipsos
   Plenior in risus adcumuletur honor.
Quae nihil obfusa non vi robiginis aetas
   Proruit, inqve dies singula nostra rapit,
Te super invisos tam leniter ingerat annos
   Innocuum ut teneris floribus addat onus.
Dum medius noctis patiens mediusqve diei
   Qvod semel instituit volvitur orbis iter,
Ah precor illa tuo tantum versetur in ore
   Qvae pars adsiduis solibus aucta nitet.

W. G. C. (ex Moorio.)

Amor ad Flumen.

Cur opifex sculptum posuit prope flumen Amorem ?
   Flammane vicinis ut premeretur aqvis ?

W. H. P. (ex Anth. Gr.)

Βὰν δ' ἴμεναι πολεμόνδε θεοί.

Τάρταρε πουλυμέλαθρε, κακῶν ἀκόρεστ' ὀδυνάων,
ὃς μεδέεις γαίης ὑπὸ βένθεσιν, οἷά ποτ' εἶδες
ἤματι τῷ, ὅτε πρῶτά σε οἰκιστῆρες ἵκανον,
ἄκοντες· τοὶ γὰρ πάρος αἰθέρι ναιετάεσκον
πατρὸς ἐνὶ μεγάροισι θεῶν, νηπενθέι θυμῷ,
παννῆμαρ μολπῇσι μέγαν τιμῶντες ἄνακτα.
ἀλλὰ κακὴν στήθεσσιν ἔπειτ' ἔρις ἔμβαλε μῆτιν
δαίμονος, ὃν μετὰ πᾶσιν ἀρίζηλόν ποτ' ἔθηκεν
οὐρανίωσιν ἄναξ, αὐτῷ γε μὲν οὐκ ἀτάλαντον,
οὐ σθένος, οὐ τιμήν· τό οἱ οὐκέτ' ἄρ' ἥνδανε θυμῷ,
ἀλλ' ἀπάνευθε κιὼν δίους ἐκάλεσσεν ἑταίρους,
οἳ τρίτατόν ῥ' ἐγένοντο μέρος στρατοῦ οὐρανίοιο·
ἦλθον δ' ἀμφοτέρωθεν ἀολλέες· αὐτὰρ ἐπ' αὐτοῖς
τεύχεα χρυσείῳ πυρὶ λαμπετόωντα δεδήει·
εὐχετόωντο δ' ἄνακτος ἐναντίβιον πολεμήσειν,
νήπιοι, οὐδ' ἐνόησαν ὅσῳ ὅγε παντὸς ἀρείων.
οὐδ' ὅγ' ἄρ' ἠγνοίησε· φίλον δ' ἐκαλέσσατ' ὀπαδόν,
Μίχηλον, φαιδρὰς διακοσμεῖν ὦκα φάλαγγας
ὑσμίνηνδ' ἰέναι· ὁ δὲ θωρήσσεσθαι ἄνωγεν.
οἱ δ' ἔσταν στίλβοντες ἐν ἔντεσιν, ὡς ὅτε δύνων
ἠέλιος νεφέλῃσι χέει σέλας ἑσπερινῇσιν·
στὰν δὲ πατρὸς προπάροιθεν ἐϋπύργου μεγάροιο,
δέγμενοι, ὁππότε πέρ σφιν Ἄρης ἐπὶ δήιος ἔλθοι.
   Οἱ δ' ἄρ' ἐπεσσεύονθ' ὑπὲρ ἄγκεα ποιήεντα,
οὔρεά τε σκιόεντα, καὶ ὕδατα πολλὰ ῥοάων.
ἐν δ' ἀρχὸς κίεν ᾗσι προθυμίῃσι πεποιθώς,
τῷ Σατάνᾳ μὲν ἔπειτ' ὄνομ' ἦν, τὸ δὲ πρόσθεν ἐνισπεῖν
οὐ θέμις, οὐδέ τις οἶδε χαμαιγενέων ἀνθρώπων.
ὡς δ' ὅτε κῦμ' ἐπέχῃσιν ἀτέρμονα νῶτα θαλάσσης
ἐρχόμενον πόντοιο, μένος δέ οἱ οὐκ ἐπιεικτόν,

ὑψόσ' ἀειρόμενον δὲ κορύσσεται, εἰσόκε ῥηχθῇ
προβλῆτι σκοπέλῳ· ὡς τῶν μάλα τηλόθ' ὅμιλος
ἔνθα καὶ ἔνθ', ἐφ' ὅσον φῶς πέπταται ἠελίοιο,
ἐξεφάνη πεδίονδ' ὀτρυνομένων προχέεσθαι.
σὺν δ' ἔπεσον μεγάλῳ ὁμάδῳ, σμερδνὰ ἰάχοντες,
ἐν δ' ἔρις ὦρτο βαρεῖα, σιδήρειός τ' ὀρυμαγδός·
λαμπρὸν δ' ἠελίοιο κύκλον σκότος ἀμφικάλυψεν,
τείρεα δὲ πτῶσσε, στέφος οὐρανοῦ, ἠδὲ σελήνη,
τῶν ὕπο μαρναμένων· διὰ δ' ἠνεκέως ἐμάχοντο,
οὐδέ τι ἀμβολαδήν. Ἄρης δ' ἄρ' ἐφαίνετο ἶσος.
δὴ τότ' ἄρ' αὐτὸς ἄναξ ὁρόων τοῖς οἷσι κέλευσεν,
οἱ δὲ βοὴν ἵεντ', οὐδ' ἀμφήριστον ἔθηκαν
σευόμενοι· τοὺς δὲ τρόμος ἔλλαβε γυῖα τραπέντας,
φεῦγον δ' ὄφρα πύλῃσι παρέστασαν οὐρανίῃσιν·
ἔνθ' ἀέκοντες ἔπεσχον, ἀμείλικτον δ' ὄπ' ἄκουσαν.

Ἔρρετε, νηπύτιοι καὶ ἀπειθέες· οὐ γὰρ ἔθ' ὑμῖν
οὐρανὸν ἐνναίειν καὶ ἀμύμονας ἔσσεται ἕδρας,
ἀλλ' ὑπένερθ' ἀΐδαο· πόνοι δὲ καὶ ἀκάματον πῦρ
νηλέα τειρήσουσιν ἀνέλπιδας ἀθανάτους τε.

Ἦ ῥα, κυλινδομένους δ' ἐς Τάρταρον ἧκε φέρεσθαι.

J. R.

Nullus ad amissas ibit Amicus Opes.

Dives amator eras: desisti pauper amare:
    Tam medicina potens est in amore fames.
Qvae te suaviolum dulcemqve vocabat Adonim
    Nunc eadem qvi sis Phyllis et unde rogat.
Ah Corydon Corydon, didicisti serior illud:
    ' Nullus ad amissas ibit amicus opes.'

K. (ex Anth. Gr.)

Nil ergo optabunt Homines.

Nefas fatigare impiis votis deos:
    Crede haec severum Socratem
Nondum cicutis lividum letalibus
    Dixisse barbato choro.
Ergo qvid aurum Lydiae voraginis
    Orare divos proderit,
Gemmasve in antris abditas Ibericis?
    Qvid barbarorum fulgidas
Regum tiaras?   Qvidve conferet Ceres
    Libystis et Trinacria?
Qvid forma dulcis et iuventutis decor?
    Sors mobilis mortalium est,
Damnoqve adhuc incerta seu vertas bono.
    Qvis aleae pericula,
Martisve, qvorum dubius exitus foret,
    Inire vellet iurgia?
Mentem precare sanam et insontem, puer,
    Permitte divis cetera:
Nam qvisqve dis est, qvam sibi ipse, carior,
    Et caelitum est prudentia.
At nil avaro profuit votum Midae,
    At nil puellae praesciae;
Nil magna carae dona Tithono deae,
    Cui nuptus Aurorae rubor
Vitam carentem fine poscenti dedit
    Frustra: beatam sustulit
Illi iuventam tempus: ergo debilis
    Langvisset aeternum senex,
Ni forte corpore inter aestivas novo
    Cicada cantasset comas.

W. T. B. J.

Alexander ad Milites.

Sicine vos tandem, comites, qvibus omnia nuper
Solus Alexander, post tot bene gesta per orbem
Praelia, post cladem regnorum atqve oppida ferro
Strata, Asiamqve meo tantum non Marte subactam,
Deseritis regem terrarum limite in ipso?
Hos mihi vos fructus, haec praemia redditis eheu
Qvam male tam longo nunc responsura labori?
Qvid variant, qvid corda labant? aut cuius egentes
Sic fremitis malesana, viri? Victoria nunqvam
Haesit adhuc, nec nostra videt fortuna regressum.
Qvae mora? cur vobis retro nunc versa voluntas?
Omnia nunc effecta: extremam imponere bello
Festinate manum. Non amplius illa minantur
Qvae per tot duros nimium toleravimus annos
Indefessa cohors. Non iam furialia Martis
Fulmina, non flictus galearum iterandaqve fessis
Pugna vocat. Posthac veniet sine sangvine vobis
Gloria. Qvod superest, comites, nolite vereri:
Cetera iam vestra est non ullo vindice tellus.
Vestrum qvippe decus longas et fama per oras
Didita, Persarum Granicus caede calescens,
Turbatumqve fluens confusis stragibus Issus,
Et qvae cernit adhuc latos Arbela per agros
Ossa albere virum, foedoqve cadavera visu,
Praecepere plagas Orientis et ultuma mundi
Litora: vos animis ipsi praesumite regna.
Ductor Alexander, qvae tunc promissa dedistis,
Vos ea nunc posco. Nil me iam terret haruspex
Si qva canit nova monstra; mihi deus auctor et omen:
Qvo deus ille vocat, qvo nos fortuna, seqvamur.
Nunc iter Aurorae ad populos et fulgida gemmis
Arva, ubi perpetuo fruges aestate renident.
Illic certa domus ditisqve opulentia terrae,

Innocuae sedes, et digna labore decenni
Praemia non deerunt.   Sin cui fors carior illis
Sit patria Haemoniumqve solum, mecum ibit ovanti
Victor classe redux.   Trans flumina Gangis Eous
Volvitur Oceanus totum circumvagus orbem :
Unde per Australes tractus et prona feremur
Aeqvora, dum Libyam praeter Gaetulaqve vectus
Regna sub Herculeo reqviescat litore miles.
Cur igitur tali rerum sub fine timetis
Ultra ferre pedem et propriae virtutis egentes
Deficitis coepto?   Qvin mecum pergitis?   Absit
Segnities animis : vobis cito serviat omnis
Terra, triumphato dominetur Graecia mundo.
Artibus his victo rediere Oriente superbi
Bacchus et Alcides.   Nos, qvorum avertere tela
Non mare, non montes, non septae cautibus arces,
Non potuit lugens exhaustam Media pubem,
Non ferro flammaqve Tyrus succincta, neqve ipse
Viribus Herculeis neqvidqvam obsessus Aornos,
Nos fugimus? nos terga damus? Proh degener aetas!
Post tanton' ea fama loco atqve infracta recedet
Gloria?   Qvam bello mallem cecidisse, priusqvam
Dedecus hoc nossem.   Sed si communibus obsto
Votis solus ego, et donis de milibus unum
Hoc fortuna negat, non ultuma tradere posse
Regna sub Aemathiis semper servanda colonis;
Nil moror invitos : iam vadite, vadite Graiis
Indigni patriaqve viri, tandemqve reversi
Dicite, vos hostes inter prope flumen Hydaspen
Extremos mundi cupientem exqvirere fines
Destituisse ducem.   Vobis sine, si qvid acerbi est,
Stat mihi nunc vel morte pati.   Si vincimus, illud
Gens aliena dabit: gens scilicet altera victo,
Nou mea, qvam volui, dominabitur altera mundo.

H. H.

Calendae Septembres.

Tempore qvo campi studiis operata iuventus
(Felices animae nimium, bis terqve beati,
Qvorum ego magna fui pars saepius ; ut redeam ad rem)
Tempore qvo pubes, cui lege licentia venit,
Vixdum maturis bellum perdicibus infert,
Tres iuvenes (si vis, mihi nomina dicere promptum est)
Metropolitani cupiunt invisere rura,
Ut possint ludoqve frui praedaqve potiri.
Ergo tormentis instructi Mantonicis et
Pulvere nitrato canibusqve et grandine plumbi
Tres simul in rheda fumumqve urbemqve relinqvunt.
Qvid tamen a tergo dependet ?   Pera adeo ingens
Ut credas caesis elephantibus esse paratam.
Nunc mihi qvi casus, qvalis fortuna diei
Musa velim memores : nam certe magna volucrum,
Magna fuit leporum strages.   Postqvam cumulata
Usqve novem ad digitos tormenta fuere, per agros
Ire procul madidos, dumeta per avia, sepes
Atqve rubos, cauti dum spectant undiqve, perdix
Ne forte in ramo lateat, ne sit lepus uda
Sub cavea.   At subito fossam dum transilit, unus
Trossulus in foedas collo tenus incidit undas.
Huc, precor, auxilium !   Vestes et vita peribunt :
Auxilium, comites.   Sed cur dumeta moventur ?
Ocius arma viri : lepus hac sub sepe latescit.
Molliter adrepunt omnes : tormenta parantur ;
Intonuere aurae : qvom (parcite risubus) exit
Triste cruentato de gutture vociferans sus.
Iamqve viri fugiunt : fugientibus ecce anus instat
A tergo, et multum leges fustesqve minata
Ob laesam solidos cogit sex pendere porcam.

Sed qvid opus verbis ? qvis digne scribere possit
Mustelae effugium, leporem qvam qvisqve putavit,
Qvotqve asini doluere, qvot exhibuere fenestrae
Vulnera pulvereas nimium testantia vires ?
Ecce autem substant catuli, Sapphoqve Catoqve :
Hic volucrum bona turba latet : nunc ite, cavete,
Praemia nunc longo capietis digna labore.
Ite cito.   Adcedunt taciti ; fragor aethera terret :
Euge viri : tandem dantur duo corpora leto :
Aufugiunt volucres ; pereunt Sapphoqve Catoqve.
    Interea Oceano ardentes submergere currus
Sol properat, piceamqve polo diffundere noctem.
Iam redeunt iuvenes : redeuntibus obvius ultro
Fit qvidam, emptorem insidiis inducere hiantem
Callidus.   Hic peram ingentem, qvasi forte, gerebat
Differtam grandi praeda, spolia ampla tenentem
Sex volucres : qvos deinde ostentans : Ecce Calendis
Dignum opus! en qvi cuiqve decor! qvam hic pinguis
        obeso
Pectore! .Nostrorum interea iecur urere livor :
Multiplici inter se nutu signisqve loqvuntur :
Mox qvisqve (ah qvid non mortalia pectora cogis
Ambitio?) alterius secretam dicere in aurem :
Mercemur ; dolus an virtus qvid in aucupe refert ?
Ecce decem solidos : vin' tu ?   Adnuit ille.   Beati
Hi contra mercem adripiunt urbemqve reqvirunt
Iactantes caesas volucres peramqve repletam.
Turba coit mirata novos heroas ; ut olim
Saepe salutabat bellis laetata peractis
Roma duces, ita nunc, si fas componere magnis
Parva, colit reduces ab agro vicinia cives.
Deducunt clamore viros, factaqve corona
Exspectant, inhiant.   Effunditur in medium ingens
Pera : sed effusam qvae voces excipiunt ?   Heu

Ut semper gaudes, Fortuna, inludere rebus
Humanis!   Loqvar an sileam?   Sex cernimus, ecce
Cernimus expositos, ingloria corpora, corvos!
Fit clamor: condunt risusqve iociqve Calendas.

H. H.

She is far from the Land where her young Hero sleeps.

Stat procul a terra, qva tu, puer inclute, dormis,
    Stat tua solicitis culta puella procis:
Frigida sed flentes oculos avertit, et illuc
    Mente fugit, carum qva tegit herba caput.
Mox patria raptim promit testudine si qvae
    Audierat qvondam carmina laetus amans:
Nec cupida cernunt inhiantes aure catervae,
    Qvae canit, hanc sensim corde labante mori.
Pro patria periit, qvi vixerat omnis amori;
    Nil aliud caussae, cur superesset, erat.
Nec patriae maerore brevi deflebitur heros;
    Nec mora qvin puerum nympha seqvatur erit.
Ponite, decidui qva lux monet ultuma solis
    Gloria sit reducis qvanta futura det:
Insula per fluctus risisse videbitur illi,
    Carior aerumnis insula facta suis.

G. A. C. M. (ex Moorio.)

Fontis Inscriptio.

Aut ab aqva fuit hac Veneri natalis origo,
    Aut Venus hanc loto corpore fecit aqvam.

H. J. (ex Anthol. Gr.)

She dwelt among the untrodden Ways.

Pascua Doveni lambunt ubi devia fontes,
　　Flumineas virgo propter agebat aqvas.
Nulla qvidem nostram laudabat lingva puellam :
　　Perpauciqve, qvibus diligeretur, erant.
Non viola annosi musco prope condita saxi
　　Prodit amabilius semireducta caput :
Nec tam grata nitet nec tam formosa videri
　　Stella silescentem qvae tenet una polum.
Sic latuit virgo : paucisqve innotuit hora
　　Qva mea cum vivis desiit esse Chloe.
Illa sepulcrali sub caespite dormit : at eheu
　　Nunc alia est tellus, ac fuit ante, mihi.

G. A. C. M. (ex Wordsworthio.)

Terminus.

Regia cui pellex non est audita Cloaca?
　　Nomen ab infausta pellice Fossa trahit.
Fumivomi currus gestamine si petis Urbem,
　　Terminus est rapidae non procul inde viae.
Terminus est statio furum notissuma : si qvem
　　Pressit onus nimium, parte levatur opum.
Terminus ille viae mihi ter fuit : adcidit eheu
　　Adcidit ut nobis ter minus esset opum.

R. S.

Lydia.

Emta tibi sunt mel, dentes, cerussa, capilli :
　　Hoc poterat pretio, Lydia, vultus emi.

T. S. H. (ex Anth. Gr.)

Γαστέρι Δουλεύοντες.

Δαὶς μέλεται Πυλάδη, συνάγει θ' ἃς ἰχθύας ἄλμη,
  οὐρανὸς ὄρνιθας γαῖά τε θῆρας ἔχει.
εἴσι δ' ἐκεῖ πέλανοί τε καὶ ἰσχάδες ἠδὲ πλακοῦντες,
  κοὐκ ὀλίγον μάζης καὶ γλυκεροῦ μέλιτος.
πρὸς τοῖσδ' ἔστιν ἐκεῖ πολλῷ μαλακώτατος οἶνος,
  ὅνπερ ἔχει Λέσβος καὶ Θάσος ἠδὲ Χίος.
ἦ ῥα φίλους ἐκάλει πάντας πρὸς δαῖτα τοσαύτην;
  οὐ μὰ θεούς· ἔφαγεν πάντα μόνος Πυλάδης.

Qvom morte captus occidit Terentinus,
Dolore mota luget urbs gravem casum,
Lacrumisqve vicus omnis obrutus plorat.
Ergo iuvabat ante ceteros urbem?
Non alter urbi sic inutilis vixit.
Cur ergo mortem sic dolent Terentini,
Inutilis qvi vixit, ut refers, urbi?
O stulte: caupo maestus et coqvus luget,
Piscariusqve et institor popinarum,
Vinariusqve et qvae nuces anus vendunt,
Poma, ova, crusta, ceteras dapes: omnis
Haec turba funus, haec dolet Terentini.

                                        J. H.

Τῇ Παφίῃ τὸ κάτοπτρον.

Do Veneri speculum: nunqvam non illa refulget:
  Sed fovet hoc curas conduplicatqve meas:
Scilicet in vitro memet discernere fido
  Non qveo qvalis eram, non volo qvalis ero.

                                P. (ex Anth. Gr.)

Vivax Phoenix, unica semper Avis.

X. Ὄρνις ὁ φοίνιξ ἐστὶ θαύμαστος πάνυ·
ὕλης γὰρ οὗτος Ἰνδικῆς ἄρχει μόνος
τέλος τ᾽ ἐν ἔτεσι χιλίοις κάμπτει βίον.

Δ. Ἀλλ᾽ εἰ μακρὰν ζῆν, ὡς θάνῃς οἷος, τόδε
φοίνικός ἐστιν, ἑκατὸν εἰς ἔτη μόνον
τείνας βίον τόνδ᾽, εὐχερῶς φοίνιξ ἔσει.

Qvae nunc ab atavis nostra discrepantia est!
Namqve unus olim laudibus rem praebuit
Phoenix, eosdem semper ornatus habens:
At nunc per omnes oppidi vicos freqvens
Ornata varia turba Phoenicum stola
Errat: sed illi secla Phoenices decem
Vixere: nostri vix tot exsistunt dies.

S.

Votum.

Molle caput, dormis: O si essem Somnus, ut ista
    Possem agere excubias ante supercilia.
Sic addicta fores mihi tota, neqve aemulus esset
    Qvi vigilis claudit lumina nocte Iovis.

P. (*ex Anth. Gr.*)

Senectus.

Pauper eram iuvenis: senior ditescere coepi:
    Utraqve conditio qvod misereris habet.
Tunc aderat mihi posse frui, qvom cetera deerant:
    Nunc mihi nil aliud deest, nisi posse frui.

K. (*ex Anth. Gr.*)

Ad Alexandrum Ventriloqvum.

Crudeli lingvam Philomelae vulnere Tereus
    Abstulit, infandum ne memoraret opus;
Talis, Alexander, tibi nil nocuisset egestas,
    Qvi potes, occluso gutture, ventre loqvi.

Ventre nihil novi frugalius, inqvit Aqvinas;
    Huic ego non prorsus credulus ante fui.
Nunc non inficior qvod res mihi nota probavit:
    En sibi qvi victum non nisi ventre parit.

J. P.

Nemo hercule Nemo.

Esse Aliqvis pueros inter vis, Naevole: primum
    Contemnis libros; seria tarda vocas:
De rhedisqve dehinc et eqvis, ceu doctus agaso,
    De canibus loqveris curriculisqve sagax:
Talia semper agis; sed talia, Naevole, frustra:
    Sic Aliqvis soli fis tibi, Nemo tuis.

Οἵτινες αὐχοῦσιν Τινὲς ἔμμεναι Οὔτινες ὄντες,
    ὕστερον εἰς λώβην πάντας ἄγει Νέμεσις·
ἀλλ' ὅσσοι Τινὲς ὄντες ἑαυτοῖς Οὔτινές εἰσιν,
    Αἰδὼς καὶ μεῖζον τοῖσδε δίδωσι κλέος.

C. H.

Pamphagus.

Mortuus es: sed adhuc positas in limite silvae
  Dama tuas metuet, Pamphage, reliqvias.
Te rapidum norat cursu flammante Cithaeron,
  Pelion, atqve hirtis Ossa fragosa iugis.

R. M. D. (ex Anth. Gr.)

Homo sum, nihil Humani a me alienum puto.

Dixit, Amo Venerem, Bacchum, convivia, Daphnis,
  Qvomqve homo sim, tali nomine digna seqvor.
Siste, precor, paullum, respondi protinus; erras:
  Non homo, qvom facis haec, sed fera, Daphni, mihi es.

W. D.

Ad Amicum mortuum.

Splendebas supero sub fornice nuper Eous:
  Nunc idem splendes Hesperus in tenebris.

H. J. (ex Anth. Gr.)

Timocritus.

Hic fruitur sacro per secla perennia somno
  Timocritus: ne tu finge perire bonos.

C. J. J. (ex Anth. Gr.)

Fortuna.

Hic cinis agricolae, nautae deponitur illic:
  Unus adest terrae terminus, unus aqvae.

T. S. H. (ex Anth. Gr.)

Γνῶθι νῦν τὰν Οἰδιπόδα σοφίαν.

Totius eximio iactas te robore? ineptis.
　　Idem sapis, si Primum habes.
ˋIntereat Primum: qvid fiet deniqve Toto?
　　Nempe in Secundum vertitur.

———

Primum tepores educat, rosas, risus:
Cereri Secundo facite; nam nocet Primo:
De laude Primi nemo non facit Totum.

R. S.

———

Omnia vici olim: si inverteris, omnia vinco.

———

Sunt litterae tres, verba qveis fiunt duo
　　Sibi invicem contraria:
Qvas qvi docebis, haud latine tu qvidem
　　Sed barbare laudaberis:
Trilitteratus audies lubentius
　　Qvam litterarum vir trium.

———

Cauda viris curae est in bello, in pace puellis:
　　Laesa Ceres odit Meqve meumqve Caput.

———

Totum pone, iacet: Caput aufer, per nemus errat:
　　Caudam deme, viret: Viscera tolle, senet.

Frontem pone, fluit: Caudam, tria cernis in uno:
Virtutum custos sum tibi, mater opum.

Ara parata meum novit Caput, araqve Caudam:
Compita Me norunt, festa, theatra, nemus.

Vivendi caussa Caput est mihi, Cauda coqvendi;
Dum legis, in manibus Me, bone lector, habes.

K.

Vendunt Amethystina.

Ἄνδρα τιν' ἱματίῳ καθαρῷ γαυρούμενον εἶδον
ᾧπερ ἐνὶ γνώμην οὔτις ἂν εὗρε σοφήν·
ἄνδρα δὲ καὶ δηναῖον ἔχοντα τριβώνιον εἶδον,
ὅστις ἀρίστευεν πρῶτα σαοφροσύνης·
τῷ μὲν θοιμάτιον κάλλος παρέδωκεν· ὁ δ' αὖτε
ἱματίῳ φαύλῳ κάλλος ἔθηκεν ἀνήρ.

W. B. T. J.

Amor.

Dirus Amor, dirus.   Sed qvo recitare misello
Sic iterum atqve iterum murmure: Dirus Amor?
Scilicet his ridetqve puer, laediqve renidet:
Crescit et opprobriis erigiturqve suis.
Dic age, caerulei fueris qvae filia ponti,
Qvomodo tu flammae, Cypria, mater eras?

K. (ex Anth. Gr.)

Amico Pyxidem auream odoriferi Pulveris capacem mittenti.

I.

Qvi studet ut placeant sua munera naribus, ipsum
Emunctae naris dicite, Pierides.

II.

Grata seni ac puero, narisqve levamen anilis,
  Plurima in occiduo nascitur herba solo.
Gaudia dat fumus; sua dat qvoqve gaudia pulvis:
  Sic, mirum, sensus adlicit una duos.
Creditur humani pulvis, qvem colligis illinc,
  Vel certe nasi caussa fuisse mei.
Aurea misisti mihi dona; qvid aptius auro,
  Cui commendetur tam pretiosus odor?
Pyxis odorifero dum pulvere plena nitebit,
  In memori stabit pectore dantis amor.

R. S.

Πλέον ἥμισυ παντός.

Emensa virgo iam decem vetus lustra,
Qvid? pars, ait, dimidia plus valet toto?
Cui nos: Decem tu nata qvinqvies annos
Lubenter esses nata qvinqve viginti.

R. S.

Improbus.

Improbe, linqve meum neu dic salvere sepulcrum:
  Dummodo ne venias tu prope, salvus ero.

R. (*ex Anthol. Gr.*)

Σκότον δεδορκώς.

Πολλάκις ἐν πενίῃ βίοτον διάγουσιν ἄριστοι,
    καὶ τὰ σὰ λῷστα, Τύχη, δῶρα φέρουσι κακοί.
εὖ γε, θεά, τυφλὴν ἔμεναί σε λέγουσιν ἀοιδοί,
    εἴτ' ἄλαος φρεσὶν εἴτ' ὄμμασιν οὖσα κυρεῖς.

W. F.

Illustrissumae Principissae Carolettae Augustae,

A.S. MDCCCXVII.

Iam te premit nox. Laetitiae diem
Festae dicatam naenia possidet :
   Laurus triumphales obumbrat
    Debita funeribus cupressus.

. Ergo iuventas nil tua profuit,
Augusta, nil qvod filia gentium
   Inlustrium ex alta creatos
      Stirpe patres atavosqve censes,

Isti iuventae qvin nimis invidens
Scindat capillos furva Proserpina,
   Frontemqve nudatam corollis
      Multa dolens Hymenaeus abdat?

O digna fatis prosperioribus;
Si qvam vel aetas eriperet Stygi
   Vel forma sinceriqve mores,
      Haec erat. Heu Libitina, leto

Nil adtulerunt vota morae, neqve
Multum gementis cura Britanniae et
   Poscentis uxorem mariti
      Soliciti valuere qvestus?

Notum ut legentis saepe pependerit
Ex ore coniux coniugis. Hinc tuo
   Narraris effinxisse normam
      Imperio, reducemqve Elissam

In te videbant secla. Sed abstulit
Nox una tantam spem populi. Tuam
   Cassandra si qvando ruinam
      Fatidico cecinisset ore,

Ceu Troia qvondam incredula, vocibus
Nil credidisset surda Britannia,
   Spe laeta qvae nuper nepotum
      Nunc dabit inferias parenti.

Ergo qviescit spiritus igneus,
Villamqve lentus dum Tamesis lavat,
 Te plorat absentem, suamqve
  Nereides dominam reqvirunt.

Dum tu sepulcro condita melleos
Ducis sopores, nos tua funera
 Lugemus ut commune vulnus;
  Te patriae gemitus seqvuntur.

Qvantos dolores intuleris patri
Qvis dicet? Orbus progenie senex
 Tabescit, heredemqve regnis
  Ancipitem metuit paternis.

Ast audienti talia qvis tuus,
Infausta mater, sensus erit, mari
 Divisa, qvam falsis fugatam
  Criminibus mulier coegit

Mutare terrae litora dissitae?
Hinc O parentes egregium trahant
 Exemplar, et rixae prioris
  Inmemores coeant in unum.

Ardore cernant ut bene mutuo
Cum coniuge uxor regia vixerit:
 Ut gaudia et curas vicissim
  Contulerint neqve suspicata

Sponsum illa, non hanc ille. Superstitem
Partem haec reliqvit nunc animae alteram,
 Et parte divulsa maritus
  Morte caret magis invidenda.

Ut adsidebat luctubus ultumis,
Lucina qvom non partubus adfuit;
 Ut fraude prudenti peritus
  Dissimulare suos dolores

Mussabat: Esto: lux mea dum valet,
Deflenda qvamvis mors pueri est, tamen
 Cedo voluntati Iehovae et
  Coniugis in gremio qviescam.

Sic pro pudico solicitus toro
Duxit suorum oblivia vulnerum:
 Ast illa suspirans amorem
  Dum reticet, melius locuta est.

Solem atra nubes condidit: Angliae
Incerta fulgent sidera. Pauperum
 Qvae cura, qvae regalis uxor
  Nuper erat, populiqve mater,

Evanuit flos. Qvis pudor aut modus
Nunc sit dolendi? Conqveritur deos
 Gens nostra mutatos, novisqve
  Damna timet nocitura seclis.

Sed deprecandi si venia est, adhuc
Adscripta caelo mens tua patriam
 Tutetur, avertatqve pestes
  A populo. Tibi Have Valeqve

Flentes supremum dicimus. At memor
Urnam reviset posteritas tuam,
 Fletusqve votivosqve cantus
  Fundet adhuc pietas superstes.

A. L.

Ex Proverbiis xix. 1-12.

Ἔχουσι πλεῖον, ὅστις ὢν πένης ἀνὴρ
χωρεῖ δι᾽ ἁπλότητος, ἢ διάστροφον
γλῶσσαν νέμων τις μῶρος ἐκ μώρου φρενός.
οὐδ᾽ ἀξυνήμων οὖσα φρὴν καλῶς ἔχει·
ἁμαρτάνει δ᾽ ὁ τιθέμενος σπουδὴν ποδός.
καὶ μὴν τὸ μῶρόν γ᾽ ἄνδρα τῆς ὁδοῦ πλανᾷ,
πρὸς κέντρα λακτίζοντα διὰ φρενῶν Θεῷ.
πολλούς γ᾽ ὁ πλοῦτος τοὺς φίλους ἐφέλκεται,
οἰκεῖ δὲ χωρὶς τῶν πέλας πένης ἀνήρ.
ἢ ψευδόμαρτυς οὐκ ἀπαλλαχθήσεται
ἀθῷος, οὐδὲ μὴ 'κφύγῃ ψευδόστομος.
πολλοί γέ τοι σαίνουσι τὸν κρατοῦντ᾽ ἀεί,
καὶ τῷ διδόντι δῶρα πᾶς τις εὖ φρονεῖ.
γεγηθέναι τὸν μῶρον οὐκ ἐν εὐπρεπεῖ·
ἦπου τὸ δοῦλον φῶτα κοιράνων κρατεῖν.
τὸ σῶφρον ὀργῆς ἀμβολὰς θέσθαι φιλεῖ,
ὅστις πεπονθὼς τἄδικ᾽ εἶτ᾽ ἀγάλλεται
παρείς. χόλος τοι βασιλέως φλέγων πρέπει
βρυχωμένῳ λέοντι, φρικώδης κλύειν·
χάρις δ᾽ ἔοικεν εὐδρόσῳ χλόης γάνει.

T. S. E.

Caelum Stellis ardentibus aptum.

Adspice sidereos orbes et lumina caeli,
  Qvo tacitam servent ordine fixa viam,
Dum mortale genus mortaliaqve omnia, vitae
  Spes, timor, ira, dolor, gaudia, nocte latent.
O nitidi domus alta poli sedesqve beatae,
  Et vos aeterni regia tecta Dei :
Ille igitur, vestrae peperit qvem spiritus aurae,
  Compositus somno sicine torpet homo ?

Sicine dat circum lentos oblivia sensus,
   Inmemor, ut cursu praepete tempus eat?
Ut cito vita fugit, properat cito funeris hora,
   Qvo propior venit haec, ocior illa fugit.
Surgite, mortales, et vastos cernite tractus,
   Qvot decorent varia sidera luce polum:
Divinas spectate domos, tecta ardua caeli,
   Et, qvid sit mundus, discite, qvid sit homo.
Ille qvidem parvum est inter tot sidera lumen,
   Hic viget in punctum temporis, inde perit.
Si qvis ubiqve faces, et tantas undiqve flammas
   Cernat, et aetherias igne micare vias:
Omnia si solitum videat servantia cursum,
   Cuiqve Deo proprias suppeditante vices:
Nonne velit mundi letales linqvere curas,
   Et tandem vita liberiore frui?
Nonne velit, mentem cohibent qvae vincula, solvi,
   Ut petat aeternas, unde sit orta, domos,
Qva nitidas inter stellas sedesqve beatas
   Pax et grata Qvies regnat et almus Amor;
Qva sine tristitia viget incorrupta Voluptas,
   Et stabilis semper Gloria fine caret?
O campi virides, O pleni floribus agri,
   O semper vitrea qvi fluis, amnis, aqva!
Tantane mortales viderunt gaudia caeli,
   Nec miseras mundi deseruere domos?

J. L.

Christus adest.

Qvom me vel miseri solicitant metus
Vel spes lusa premit, laetitiam tuus
   Reddat, Christe, susurrus:
     Praesto, ne timeas, Ego.

Et qvando subitis adtonitum malis
  Aegro cura ferit vulnere, vulneri
    Sit vox illa medelae :
      Praesto, ne timeas, Ego.

Sistar calle tuo nil ego proxumas
  Horrens insidias, dum pia tesseram
    Vox adclamat amicam :
      Fautor, ne timeas, adest.

Et qvae clarisoni me tuba iudicis
  Extollet fumulo, murmuret : En tibi
    Dux auctorqve salutis
      Christus, ne timeas, adest.

            K. (*ex Lyra Apostolica.*)

Vital Spark of heavenly Flame.

I fuge, divinae scintillula vivida flammae,
  I fuge ; mortali membra resolve iugo.
Qvid discedenti similis similisqve moranti
  Ludis in aetherias semper itura plagas,
Et modo velle mori, modo vivere velle videris,
  Dividuamqve tenent alter et alter amor ?
Mile qvidem cingunt venientem gaudia mortem,
  Mile tamen qvoddam gaudia vulnus habent.
Desine soliciti tandem, natura, laboris :
  Me vocat interitu vita paranda meo.
Audin' ab ignota geminantur voce susurri,
  Murmuraqve aerii visa sonare chori :
Surge age, cara soror ; iam sacra recluditur aula,
  Iam tibi devotas pandit amica domos.

       T T

Qvo sensu rapior? qvae me vaga ludit imago?
　Nescio qvo trepidae turbine mentis agor.
Num memor ipse mei? num spiritus hos regit artus?
　Sicine iucundum est, dic, mea vita, mori?
Vanescit sensim mundus: nova panditur ora:
　Iam videor sacros aure bibisse modos:
Auferor: O pennas subponite: me levis aura
　Subripit in celerem lege soluta fugam.
Nunc tua dic ubi sit victoria, triste Sepulcrum,
　Dic ubi nunc stimuli, Mors, dolor iste tui?

　　　　　　　　　　H. S. H. (*ex* Popio.)

Ex Isaia xiii. 6-10.

Ὀλολύζετ'· ἦμαρ γὰρ πέλας τὸ μόρσιμον·
σκήψει δὲ θνητοῖς θεόθεν, ὡς διαφθορά.
τοίγαρ προλείψει πᾶς ἀνειμένῃ χερί,
κοὐδεὶς ὃς οὐχὶ καρδίαν τεγχθήσεται.
καὶ δειμανοῦσι· καὶ φρενῶν ἀνθάψεται
σφάκελος μετ' ἄλγους· καὶ δι' ὠδίνων πικρῶν
χωρήσεταί τις, ὥσπερ ἐν τόκοις λεχώ.
καὶ μὴν πρὸς ἄλλον ἄλλος ἐκπαγλούμενοι
βλέψουσι, λάμψει δ' ὄμμαθ' ὡς πυρούμενα.
ἰδού, τὸ μοιρόκραντον ἦμαρ ἔρχεται
χόλῳ βαρυνθέν, ὀξυμηνίτους πνέον
φόνους· Θεὸς γὰρ ἐξερημώσει τε γῆν,
καὶ τοὺς πανούργους γῆθεν ἐξαποφθερεῖ.
ἀπ' οὐρανοῦ γὰρ ἀστέρων ὁμήγυρις
οὐ μὴ μεθῇ φῶς, ξὺν δ' ἀμαυρωθήσεται
στείχων ἐν ἀντολαῖσιν ἡλίου κύκλος
σκότῳ, σελήνη δ' οὐκέτ' ἐκλάμψει σέλας.

　　　　　　　　　　　　T. S. E.

Deus est qvodcumqve vides, qvocumqve moveris.

Qva voce laudes expediam tuas,
Rerum Creator maxume, cui procul
   Tellure mortaliqve visu
      Templa super spatiosa caeli

Regnat potestas? Te celebrat Deum
Divina mundi fabrica, Te canunt
   Terraeqve caelestesqve tractus
      Et pelagi resonantis undae.

Te sol perennem lucis originem
Proclamat oris omnibus, aureum
   Qvandoqve Neptunum refectus
      Deseruit, roseoqve nubes

Splendore tingit, seu face langvida
Finire lassam deproperet diem,
   Noctiqve concedat patentis
      Regna poli tacitaeqve lunae.

Qvis par deorum, qvis tibi proxumus,
Iehova? Venti Te celebrant gravi
   Clamore, montanisqve pronae
      Verticibus venerantur orni:

Te laeta tellus, Te pecudum vaga
Armenta laudant, qvi varias solum
   Herbis, et ad plenum ministras
      Ruris opes facilemqve victum.

Sin tu benignum sustuleris, Deus,
Vultum, fatiscunt omnia lumine
    Privata, devotasqve terras
        Vis populat furiosa leti:

Hinc et malorum difficilis cohors
Incumbit aegris gentibus, hinc fames,
    Hinc pestis improvisa mittit
        Perniciem miseras per urbes.

Ter ille felix, numine qui tuo
Fretus carentes flagitio manus
    Custodit, et decreta Patris
        Obseqvio facili tuetur:

Namqve ille tutus praesidio Dei
Non insolentes terrigenum minas
    Formidat, aut fastus tyranni
        Grande nefas animo moventis:

Sed qvom trisulci fulminis impetu
Disiecta terrae moenia procident,
    Securus, inlabente mundo,
        Mente feret solida ruinas.

                                  T.

Ad Meteorum.

Qvid mihi tot soles, stellas, nebulasqve recenses?
  An, nisi qvod numeras, est tibi grande nihil?
Qvae Spatium, Meteore, capit vel maxuma curas,
  Sed Spatium magni nil, Meteore, capit.

                   K. (*ex* SCHILLERO.)

Desiderium Samuelis Episcopi Lichfieldiensis.

Ergone nil pietas letalibus eximit umbris ?
    Nulla fugit mortem gratia, nullus honor ?
Est ita; teqve, decus patriae, doctissume Praesul,
    Abripuit saeva Parca maligna manu.
Flebilis Aoniae luctus male convenit arti,
    Maesta negat luctum Musa referre suum.
At velut obscurat cauto velamine pictor
    Fingere qvae nullo dextra colore valet,
Sic ego, qvas neqveo complecti carmine laudes,
    Plus tamen ingenuo tristis amore colam.
Publica vita fuit; mortis qvoqve publicus angor;
    Omnibus est idem clamve palamve dolor.
Audiit insuetae strepitum Sabrina qverelae,
    Audiit, et fletu labitur aucta suo.
Fallor an et valles rigidoqve cacumine montes
    Conscius abrepti maeror honoris habet?
Graminei fontes, si promere verba daretur,
    Ipsaqve si possent florida prata loqvi,
Inciperent passim maestos effundere cantus,
    Et sua lamentis addere dicta meis.
Illaqve, ceu plorat genitorem filia raptum,
    Ceu cari coniux coniugis orba dolet,
Illa Camenarum sedes clarissuma pullis
    Ingemit abreptum vestibus usa patrem.
Tu qvoqve funereo resona, mea barbite, cantu,
    Et novus adcendat torpida fila calor.
Haec tibi, dulce caput, tantarum praemia laudum
    Tantula fert pietas et lacrumosus amor.
O ubi mens gravium moderatrix aemula rerum ?
    O ubi maiestas indolis illa tuae ?

Qvo tua nunc virtus, qvo simplex gratia morum,
    Qvo constans abiit religionis amor ?
Qvid decus eloqvii dicam, facilemqve leporem,
    Cordaqve non tacta candidiora nive ?
Horum fama diu meritorum inlaesa manebit,
    Hoc decus haud ulla fiet inane die.
Qvam variae pectus ditarunt fertile dotes,
    Commoda qvae seclo praestitit ille suo !
Otia discinctae neglexit inertia vitae,
    Tempus et ingenuis artibus omne dedit.
Adspice praeclaram Musis qvam rite dicavit,
    Qvamqve diu cauto fovit amore domum :
Cui signata manent fidis inlustria fastis
    Nomina, delapso nobilitata die ;
Illa diu stabunt docti monumenta laboris :
    Mors tulit auctorem ; non morietur opus.
Ah nimium felix hoc praeceptore iuventus,
    Qvae didicit tanti docta labore viri.
Inlecebras luxus omnes vitare monebat,
    Nil nisi virtutis praemia magna seqvi,
Spernere praesentis mendacia gaudia vitae,
    Qvaerere qvas praebet vita perennis opes.
Doctrinae jussit sanctos exqvirere fontes,
    Aonidum miti duxit ad antra manu :
Aut teneram dio perfudit nectare mentem,
    Ingenui praesens duxqve comesqve chori.
Vos igitur, iuvenes, amissum flete magistrum,
    Cui parient paucos secula longa pares :
Qvi dedit exemplum vitae, dum vita manebat,
    Iamqve sua, qvid sit mors pia, morte docet.
Gloria non illum fallaci splendida fuco,
    Non auri nimius solicitavit amor :
Ambitione vacans, brevium contemptor honorum,
    Suspexit vitae nobilioris opes.

At semper miseris adtentam praebuit aurem,
    Semper erat luctum prompta levare manus.
Illius admonitus aegrae solatia menti,
    Auxilium cunctis spemqve tulere malis.
Felix ille dies qvi te, pater optume, morum
    Custodem patriae praesidiumqve dedit:
Neqvidqvam: tibi enim, celeri delapsa volatu,
    Iniecit gelidas aegra senecta manus:
Et tua letiferis languebant pectora morbis,
    Membraqve furtiva debilitata lue.
At tibi mens, veluti cuspis spectata per ignem,
    Corporis infirmi firmior hospes erat;
Et modo soliciti vinclis exuta doloris
    Principium vitae pura perennis agit.
At procul hinc qvamvis caelesti luce fruaris,
    Non tua Lethaeis acta prementur aqvis.
Te laudemqve tuam praesens intelligit aetas,
    Te recolent grata postera secla fide.
Effigies surget caelato structa labore,
    Et referent vultus marmora muta tuos:
Effigies, nostri mansurum pignus amoris,
    Ardua turrita surget in aede Dei:
Ars utinam mores animumqve effingeret illum,
    Non foret in toto pulcrior orbe lapis.
Vana loqvor: tantae virtutis splendida vivet
    Gloria, Phidiacum qvom morietur opus.
Qvare tu nimios, Salopia, proiice luctus,
    Proiice: tristitiae qvod medeatur habes:
Ille tuus periit; sed non ignotus honori:
    Sat sibi, sat famae vixerat ille suae.
Sit mihi, sancte, tuam meditari comminus urnam,
    Virtutesqve animo commemorare tuas.
Frigida funerea decorabo saxa cupressu,
    Serta feram lacrumis humida facta meis.

Adflabunt zephyri lugubria murmura busto,
　Puraqve pulvereum vix premet ossa solum.
Iniussi sancto crescent in gramine flores,
　Ut vivo virtus, ut tibi crevit honor.
At, qvicumqve leges memoris praeconia saxi,
　En tibi praestantem, qvem venerere, virum :
Huius ad exemplum vitam conferre memento,
　Et simili tumulo te, moriture, para.

G. A. A.